有限与无限的游戏

一个哲学家眼中的竞技世界

FINITE AND INFINITE GAMES

A Vision of Life as Play and Possibility

[美] 詹姆斯·卡斯 著
马小悟 余倩 译

電子工業出版社
Publishing House of Electronics Industry
北京 • BEIJING

版权贸易合同登记号 图字：01-2013-6333

图书在版编目（CIP）数据

有限与无限的游戏：一个哲学家眼中的竞技世界 /（美）詹姆斯·卡斯（James P. Carse）著；马小悟，余倩译.-- 北京：电子工业出版社，2019.6

书名原文：Finite and Infinite Games

ISBN 978-7-121-36425-9

I. ①有… II. ①詹… ②马… ③余… III. ①网络游戏－关系－哲学－通俗读物 IV. ① G898.3-49 ② B-49

中国版本图书馆CIP数据核字（2019）第083802号

书　　名：**有限与无限的游戏：一个哲学家眼中的竞技世界**

作　　者：［美］詹姆斯·卡斯 著　马小悟 余倩 译
策划编辑：胡　南
责任编辑：潘　炜　文字编辑：王天一　特约编辑：潘　娅
印　　刷：天津画中画印刷有限公司
装　　订：天津画中画印刷有限公司
出版发行：电子工业出版社
　　　　　北京市海淀区万寿路173信箱　邮编 100036
开　　本：787×1092　1/32　印张：6.25　字数：100千字
版　　次：2019年6月第1版
印　　次：2023年11月第22次印刷
定　　价：68.00元

凡所购买电子工业出版社图书有缺损问题，请向购买书店调换。若书店售缺，请与本社发行部联系，联系及邮购电话：（010）88254888，88258888。
质量投诉请发邮件至zlts@phei.com.cn，盗版侵权举报请发邮件至dbqq@phei.com.cn。
本书咨询联系方式：010-88254210，influence@phei.com.cn，微信号：yingxianglibook。

CONTENTS

目 录

CHAPTER 1

第一章

世上至少
有两种游戏

1

世上至少有两种游戏。一种可称为有限游戏，另一种称为无限游戏。

有限游戏以取胜为目的，而无限游戏以延续游戏为目的。

2

如果有限游戏有获胜者，那么这个游戏必须有一个明确的终结。有人获胜，有限游戏便终结了。

我们知道，如果所有参与者都认同其中某个人是赢家，那么这个人就赢得了游戏。参与者的认同，是确定谁赢得游戏的绝对必要条件。

观众或裁判的认可看似也是决定赢家的必要条件。但是，只有在参与者对于谁是赢家没有达成共识、游戏没有达成决定性的结果且参与者未履行参与的初衷时，这种情况才成立。否则，即使被逐出赛场并被强行禁止进一步参与，他们也不会认为游戏结束了。

假设参与者就谁是赢家达成了共识，但观众和裁判没有，那么除非参与者能够被说服承认他们的共识有误，否则他们不会继续将游戏进行下去，他们也不能继续下去。我们无法想象，如果参与者们均确信游戏已经结束，他们还会重回赛场并真正地参与游戏。

除非参与者自愿选择参与，否则就不存在有限游戏。谁也无法同被迫参与的人进行游戏，这是所有游戏不变的原则，有限游戏和无限游戏均是如此。无论谁参与，都是自愿参与，被迫参与便失去了参与的意义。

3

正如有限游戏需要明确的终结一样，它也必须有明确的开端。

因此，我们可以说有限游戏存在时间界限，而这个时间界限当然是所有参与者必须认同的。不过参与者也必须就空间和数值界限达成一致，也就是说，游戏必须在一个确定的场地进行，并由确定的参与者参与。

空间界限在所有有限冲突中显而易见，从最简单的棋盘游戏和场地球类运动到世界大战，均是如此。第二次世界大战中的对立双方同意不轰炸海德堡和巴黎，并宣布将瑞士置于冲突之外。当战争中的一方造成不必要和过度的损害时，人们就会质疑其胜利的合法性，甚至会质疑这到底是一场战争还是只是无端暴力。当谢尔曼[1]平军从亚特兰大到大海一路烧杀，他忽略了空间界限，以至于对许多人来说，联邦军（北军）并没有合法取得这场战争的胜利，而这场战争事实上也一直没有结论。

数值界限有很多形式，但总是应用于有限游戏。有限游戏的参与者是被选中的。在有限游戏中，被迫参与的人失去了参与的意义，但我们也不能独自参与。因此，在任何有限游戏中，我们都必须找至少到一个对手；且在大多数情况下，我们需要队友，

1 美国南北战争时期联邦军的少将威廉·特库姆塞·谢尔曼（Maj. Gen. William Tecumseh Sherman），以火烧亚特兰大和“向大海进军”战略获得“魔鬼将军”的绰号而闻名于世。

也就是愿意和我们一起参与的人。但并非所有想为纽约洋基队参赛队员或对手的人都能如愿。如果没有潜在同事和竞争对手的认可，即便想做电工或农学家的人可能也无法如愿。

因为有限游戏的参与者不能自己选择自己参与游戏，因此绝不会出现无法将其逐出游戏的情况，其他参与者也可以拒绝与他们游戏。许可的权力从不属于被许可的人，委任的权力也不属于官员。

固定的数值边界当然是为了维护所有参与者可以认同一个最终胜利者的可能性。如果人们可以随意走上或离开游戏赛场，那就会引发参与者的混乱，以至于谁也无法成为明确的胜利者。举例来说，谁赢得了法国大革命呢？

4

这种界限意味着每个有限游戏的时间、地点和成员都受到外部界定。当我们说起1939年9月1日的某个比赛时，我们是从世界时间的角度来说的，也就是从这个冲突开始前发生了什么以及冲突结束后会发生什么的角度来说。地点和参加成员也是如此，一场游戏在这些人之间、在这个地方发生了。

世界由比赛的界限精细划分，而世界上的人则以资格分类。

5

只有一个人或一支团队可以赢得有限游戏，但其他参赛者可能会在游戏结束时获得排名。

并不是人人都能成为公司总裁，不过竞争过总裁职位的人可能成为副总裁或地区经理。

我们参加许多游戏并不一定是希望取胜，但仍然会去争夺可能的最高排名。

6

无限游戏与有限游戏在且仅在这一方面相同：无限游戏的参与者，如果他们参加就是自由参加；如果他们必须参加，就失去了参加的意义。

除此之外，无限游戏和有限游戏之间的对比鲜明无比。

无限游戏的参与者说不清游戏何时开始，他们对此也不在乎。他们之所以不在乎，是因为这个游戏没有时间界限。事实上，无限游戏的唯一目的就是，阻止游戏结束，让每个参与者都一直参与下去。

无限游戏也没有空间和数值界限。没有哪个世界是以无限游戏的边界为标记的，而且也没有游戏资格的问题，因为只要愿意，谁都可以参加无限游戏。

有限游戏受外部界定，而无限游戏受内部设定。无限游戏的时间不是世界时间，而是游戏内部所创造的时间。由于每个无限游戏都消除了界限，因此它向参与者展开了一个新的时间视界（horizon）。

因此，我们不可能说出一场无限游戏持续了多久，也不可能说出它能持续多久，因为只有存在持续间隔的事物，才能从外部衡量持续时间。我们也不能说无限游戏在哪个世界进行，尽管一场无限游戏里可以有任意数量的世界。

7

无限游戏的过程中可以出现有限游戏，但无限游戏无法在有限游戏中进行。

有限游戏无论输赢，在无限游戏参与者眼中都只是游戏过程中的瞬间。

8

如果有限游戏必须受到外部的时间、空间及数值限制，那么也必须有内部限制——参与者能对其他参与者以及能同其他参与者做什么。认同内部限制就是建立游戏规则。

每个有限游戏的规则都不同。事实上，我们只有通过规则才能知道这是什么游戏。

规则是对参与者的限制，例如，每名参与者必须在白线后开始比赛，或者在月底支付所有债务，或者对病人的收费不能高于他们所能负担的费用，或者在正确的车道行驶。

从最狭义的角度来说，规则不是法律，它们并不要求具体的行为，而只是限制参与者的自由，在这些约束范围内，参与者拥有很大的选择余地。

如果这些限制未被遵守，那么游戏的结果就会受到直接威胁。有限游戏的规则是一种合同条款，参与者凭此认同谁是赢家。

9

规则必须在游戏开始前就公布，参与者必须在开始游戏前认同规则。

所有有限游戏的关键在于，参与者对这些规则的认同使得这些规则最终生效。

规则不会因参议员通过了它们，或者英雄曾遵守它们而生效。只有在参与者自愿遵守它们时，规则才生效。

没有要求我们遵守规则的规则。如果有这种规则，那么就必须有对这些规则的规则，依此类推。

10

如果某一规则是某个有限游戏特有的，那么，在这个游戏进行期间，这些规则就不能改变，否则进行的就是另一个不同的游戏了。

正因为如此，我们发现了无限游戏和有限游戏之间最关键的区别：无限游戏的规则必须在进行过程中改变。当无限游戏中的参与者共同认为，游戏受到有限结局的威胁，即某些参与者会赢，其他参与者会输，那么这时规则就会改变。

为了防止有人赢得比赛，以及为了让尽可能多的人参与游戏，无限游戏会改变规则。

如果有限游戏的规则是参与者认同谁能赢的合同条款，那么无限游戏的规则就是参与者认同继续进行游戏的合同条款。

因此，无限游戏的规则与有限游戏的规则不同。无限游戏的规则像对话语言的语法，而有限游戏的规则像辩论的规则。在前者中，规则是让对话继续下去的方式；而在后者中，规则是让别人的讲话终结的方式。

语言的规则，或曰语法，总是不断发展的，以确保话语有意义，而辩论的规则必须保持不变。

11

虽然在无限游戏的过程中，规则能在任何时候通过达成共识而改变，但并不是任何规则都行。无限游戏的无限并不是这个意义上的无限。

规则是为了应对延续游戏所受到的威胁而设定的，无限游戏的参与者利用规则，把赛局的界限和限制纳入到游戏本身之中。

无限游戏参与者的规则制定能力常常受到强大界限的冲击挑战，如体力耗尽、物资损失、非参与者的敌意，抑或死亡。

无限游戏的规则需要将这些限制纳入考量范围，包括死亡之限，从而能让参与者延续游戏。在这个意义上，游戏是无限的。

也就是说，无限游戏可能不会受到任何限制。由于限制被纳入游戏之中，游戏本身就无法被限制。

有限游戏参与者在界限内游戏；无限游戏参与者与界限游戏。

12

虽然理论上可能很明显，有限游戏的参与者都是自愿参与的，但通常，有限游戏参与者意识不到这种绝对自由，并且会认为无论自己做什么都是必须做的。造成这种情况的原因有几种：

——我们知道，有限游戏参与者必须经过挑选。虽然在被选定成为律师、骑术表演者或昆达里尼[2]瑜伽修行者后，你不是必须继续承担这些角色，但每个角色都被规则限制并被他人的期望所围绕。你之所以感到必须维持某种水平的表现，是因为你可能被取消游戏的资格。我们不可能在为所欲为的同时还能继续做律师或瑜伽修行者，但要成为这两种人，也必须是我们自愿的。

——由于有限游戏的参与者以取胜为目标，因此参与者在游戏中的一举一动都是为了赢得游戏。不是为了取胜的举动，都不是游戏的一部分。有限游戏参与者对于竞争进展的不断关注，可能会使他们认为自己的每一个举动都是必须之举。

——获胜的奖励似乎必不可少，如果没有它们，人生就没有意义。可以肯定的是，有些游戏的赌注是生死，例如，在被奴役或遭到严重的政治压迫时，拒绝接受被指定的角色或许需要付出极度痛苦甚至死亡的代价。

即便是在最后这个极端的例子中，我们仍然必须承认，接受被指定的角色是自愿的选择。诚然，拒绝这个角色的代价很高，

---

2 一种瑜伽学派。

但是代价的存在表明，压迫者自己也承认，就连最羸弱的被压迫者也必须同意自己被压迫。如果被压迫者是不抵抗的木偶或机器人，那么就没必要威胁，也就无所谓代价，就像赫胥黎的伽玛[3]、奥威尔的无产阶级[4]，以及罗素姆的万能机器人[5]一样，它们是对压迫者假定理想的讽刺。

与无限游戏不同，有限游戏受到自我的限制；与无限游戏相似，这些限制必须由参与者选择，因为没有人是被迫参与有限游戏的。游戏的场域并没有将限制强加给我们，因此，有限游戏的所有限制都是自我限制。

---

3 出自阿道司·赫胥黎的《美丽新世界》，书中的所有人在出生之前，就已被划分为"阿尔法（α）"、"贝塔（β）"、"伽玛（γ）"、"德尔塔（δ）"、"爱普西隆（ε）"五种社会阶层。阿尔法和贝塔最高级，被培育为领导和控制各个阶层的大人物；伽马是普通阶层，相当于平民；德尔塔和爱普西隆最低贱，只能从事普通的体力劳动，而且智力低下。

4 出自乔治·奥威尔的《1984》，是受"老大哥"统治的平民阶层。

5 出自卡雷尔·恰佩克的《罗素姆的万能机器人》（Rossum's Universal Robots）。

13

有限游戏参与者拥有可随时离开赛场的自由，但实际上却必须留在斗争中。为了弥合这之间的鸿沟，我们可以说，有限游戏参与者在某种程度上自己遮蔽了自己的这种自由。

所有有限游戏中都或多或少存在自我遮蔽。参与者必须有意忘却自己参与游戏所固有的自愿性质，否则，所有竞争、努力都将离他们而去。

从一开始，有限游戏的每一方或每一个角色都必须有一定的严肃性，参与者必须把自己视为老师、轻量级参与者和母亲。通过适当的练习，我们相信自己就是这些角色所塑造的人，甚至，我们让他人也相信了。萧伯纳说过，演戏的本质令我们不是把这个女人看做奥菲利娅[6]，而是把奥菲利娅看做这个女人。

如果演员纯熟到令我们把奥菲利娅看做这个女人，那么接着，我们就看不到表演出来的情感，也听不到背诵出来的台词，而是看到和听到一个人真实的感受和言语。在某种程度上，演员不认为自己在表演，而是感觉到自己表演出来的表情，并真正地说出

---

6 《哈姆雷特》中的角色。

自己记住的台词；而他们在表演实际上指的是，言语和感情都属于这个角色，而不属于演员。事实上，演员技巧的要求之一就是她要将自己与奥菲利娅这个角色分离开，她本人的感受与奥菲利娅无关，不能进入她所扮演的角色之中。

当然，在表演的过程中，这个女人一直都知道自己是在演戏，她从未忘却自己遮蔽了自身来展现这个角色，她选择在这一刻遗忘自己是自己，而不是奥菲利娅。而观众也没有忘记自己是观众，虽然我们把这个女人看做是奥菲利娅，但我们从未怀疑她并非奥菲利娅。我们共同遮蔽她自身。我们允许她表演出来的感情影响自己，甚或强烈地影响自己，但我们从未忘记是我们允许他们如此。

所有的角色都是如此。只有在自愿的情况下，一个人才能进入母亲的角色。但扮演这个角色的人，必须以适当的严肃性抽离自己的自由来按这个角色的要求行事。母亲的语言、动作和感情属于这个角色，而不是这个人。虽然有些人可能非常认真地遮蔽自己本身，以至于就连她自己也相信了自己的表演，忽略了母亲的感情和其自身感情之间的差别。

这里的问题并非是否能够避免自我遮蔽，也并非是否应该避免，事实上，有限游戏离不开自我遮蔽。问题是就算只是对自己，我们是否愿意摘下面具，坦陈自己是自愿选择通过一副面具面对这个世界。一个演员能够让奥菲利娅这个角色以这个女人的形象出现，这就表明了她能够清晰地区分自己和角色。离开舞台后，她仍未放弃表演，放下一个角色，做起另一个角色，譬如“演员”这个角色——一种抽象人物，其公共行为受到精心的设计和制作，这种情况难道不可能吗？我们过着一种人生，而表演着另一种或几种人生，并试图让自己一时的遗忘成真并一直遗忘下去，这个事实我们何时才会去面对呢？

这个问题并不在于掩饰自己的道德性，而是在于自我遮蔽是一种矛盾的行为，一种对自由的自愿抽离。我无法忘却自己已经忘记，我可能掩饰得非常成功，就连自己都相信了自己的表演，我可能说服自己我就是奥菲利娅，但这些确信永远不足以消除自我遮蔽的矛盾性。“相信是知道自己相信，而知道自己相信是不相信。”（萨特）

如果不论怎样的遮蔽都无法掩盖掩饰本身，那么问题就变成为，我们对于自我遮蔽能有多么严肃，以及为了让别人与自己共同表演，我们能做到何种程度。

14

由于无限游戏中可以存在有限游戏，因此无限游戏参与者并不避开有限游戏的表演。相反，他们进入有限游戏时也拥有所有适当的活力和自我遮蔽，但他们这样做的时候并没有有限游戏参与者那样的严肃性。他们把有限游戏的抽象性看做抽象性并接受，因此他们并不是那么严肃地对待有限游戏，而是如同游戏似的。（“抽象”在这里的意思源于黑格尔对抽象的经典定义，即从整体中抽取出来代替整体的概念，整体是“具体”。[7]）他们在自己的社交活动中自愿使用面具，但会向自己和他人承认他们在掩饰自己。因此，他们将有限游戏中的每个参与者都视为参与的人，而不是某人扮演的角色。

严肃性往往与角色或抽象有关。身着制服并在扮演其指定角色的警察，与正在穿制服的警察相比，我们可能认为前者更严肃。严肃性常常与既定的剧本有关，这个剧本是对事务的安排，在我们的

---

7 通常所说的抽象，指在认识上把事物的规定、属性、关系从原来有机联系的整体中孤立地抽取出来；具体是指尚未经过这种抽象的感性对象。黑格尔承认前面所说的抽象为抽象，但并不承认感性对象为具体。黑格尔认为具体是理性的具体，即具体概念，也就是以概念为本质的一切事物的多方面的规定、属性、关系的有机整体性，以及它们在认识中的反映。

影响范围之外制定完成。当他人位于选择的地位，而我们无法事先知道我们同他们的关系会怎样时，我们就进行游戏。这种时候，其实谁也无法在这段关系上施加结果，除了继续关系的决定。

游戏并非微不足道或琐屑无聊，也不是好像什么后果都不会发生的行为。相反，在互相游戏时，我们都是自由人，我们之间的关系有发生意外的可能，发生的一切事情都有后果。事实上，严肃性关闭了后果的可能性，因为严肃性害怕开放可能性的不可预知的结果。严肃需要特定的结论，游戏则允许不惜一切代价的可能性。

然而，有一种常见的游戏形式常常发生在受到结果保护的情形下，在这种情形下，无论我们做什么（在一定限度内），都不会发生任何结果。与其说是在游戏，不如说是在玩闹，这是一种对社会约束的无害无视。虽然有限游戏绝无可能排除这种情形，但它与无限游戏并不相同。

无限游戏参与者通过摆脱自己的自由，进入某个角色的抽象要求，与他人产生关联，他们是与具体的人产生联系的具体人物。因此，无限游戏无法抽象化，因为它并不是从整体中抽取出的一部分来代替整体，而是知道这是整体的整体。我们无法说某个人参与了这个或那个无限游戏，就像游戏规则独立于游戏的具体情况而存在一样。我们只能说，这些人彼此游戏，并且他们开始的游戏无法结束。

15

由于有限游戏旨在达成一个结果，由于它的角色已经写好，并且是在为观众表演，因此我们应该把有限游戏看作演戏似的。虽然剧本和情节似乎并非事先写好，但我们总能回首成功路，发现胜利者显然知道如何行动以及说些什么。

无限游戏参与者会避开任何结果，对未来保持开放，令所有剧本作废，我们应该称无限游戏为传奇性的。

传奇化的情况下，一个人选择成为母亲；演戏的情况下，一个人扮演起母亲的角色。

16

有限游戏的参与者遵守规则以便继续进行游戏，但参加游戏并不仅仅只是遵守规则。有限游戏的规则并不构成剧本，剧本根据规则写就，但与规则不尽相同。剧本是参与者之间真实的你来我往——无论是行为还是语言——因此无法事先写好。所有真正的有限游戏的剧本都是在游戏进行过程中写就的。

这表示，在游戏进行期间，所有有限游戏都是传奇式的，因为结局未知。未知的结局成就了真正的游戏，而有限游戏的剧本本质与存在结局有关。

有限游戏是传奇式的，但只是暂时的传奇。一旦结束，我们就能回溯并了解行为的顺序如何只引发了这一个结果，尽管这些行为都是竞争者的自愿行为。

有限游戏只具有暂时的传奇性，因而每个参与者都想要令更好的结果成为不可避免的事实，从而消除传奇性。所有有限游戏参与者都想成为王牌参与者，技巧纯熟完美到没有什么可以令他们感到意外，训练完美到能在一开始便预见到游戏中的一举一动。真正的王牌参与者参赛时就好像游戏已经结束了一样，根据剧本行事，这个剧本的每一个细节都在游戏动作之前就被知晓。

17

在大多数有限游戏中，惊奇是一个关键元素。如果我们没有准备好迎接对手每一个可能的举动，那么失败的可能性就肯定会增加。

因此，通过使对手惊奇，我们就最有可能取胜。有限游戏中的惊奇是过去对未来的胜利。与不知道对手将做出什么举动的毫无准备的参与者相比，已经知道对手要做出什么举动的王牌参与者拥有决定性的优势。

有限游戏参与者经受过训练，知道不仅要预测每一个未来的可能性，而且要去控制未来，防止它改变过去。这就是处于严肃模式中的有限游戏参与者，他们对不可预知的结果心存恐惧。

另一方面，无限游戏参与者在期望惊奇的状态中继续赛局。如果不再可能有惊奇之举，那么赛局停止。

惊奇导致有限游戏终止；而它是无限游戏继续的原因。

无限游戏中的惊奇，是未来对过去的胜利。由于无限游戏参与者并不认为过去有结果，因此他们无从知道开始发生了什么。经过每一次惊奇，过去展现出全新的开端。由于未来总是令人惊讶，因此过去总是在变化。

由于有限游戏参与者受到的训练就是要防止未来改变过去，因此，他们必须隐瞒自己未来的举动，必须要让毫无准备的对手措手不及。有限游戏参与者必须表现成为其他人，而不是自己。他们的一切外在表现都必须具有掩饰性，他们的表现不是真的表现。有限游戏参与者的所有举动都必须有欺骗性：声东击西、分散注意力、弄虚作假、误导、令人困惑。

由于无限游戏参与者准备好接受未来的惊奇，因此他们以完全开放的心态进行游戏。这里的开放并非指坦率，而是开放自己的弱点。这并不是暴露自己不变的个性——一如既往的真实自我，而是暴露自己不断的成长——有待成为的动态自我。无限游戏参与者不仅仅期待惊奇所带来的乐趣，也期待被它改变，因为惊奇虽不能改变一些抽象的过去，但可以改变自己个人的过去。

要应对惊奇需要受到训练，而要为惊奇做好准备需要受到教育。

教育揭示出过去的越来越丰富的东西，因为它发现了过去未完成的事物，训练将过去视为已结束的时间，将未来视为将结束的时间；教育引导人走向不断的自我发现，训练引导人走向最终的自我定义。

训练在未来重复已完成的过去，教育将未完成的过去延续到未来。

18

人们在有限游戏中赢得的是头衔。

头衔是他人对某人成为某个比赛胜利者的认可。头衔是公开的，能引起其他人的注意。我希望别人根据我的头衔来称呼我，但我自己不用这些头衔来称呼自己——当然，除非我把自己当做他人来称呼。头衔的效用取决于它在其他人眼中的知名度和重要性。

19

任何有限游戏都能进行多次，尽管每次都是独一无二的。同样的参与者在这个时间进行的游戏无法再重演。

由于头衔是永恒的，但只有受到认可才存在，因此我们必须想方设法确保人们对它的记忆。已故红衣主教的四角帽被悬挂在教堂的天花板上，好像这就是永恒；伟大运动员的运动衣编号也随之“退休”，或者说，再也不会出现在今后的比赛之中；伟大的成就被镌刻在不朽的石块上，或受到永恒火焰的纪念。

在与原始获奖人存在血脉或其他一些有形的关联时，一些头衔具有继承性，继承性表明获胜者在他们的后代中继续存在。头衔的继承人因此必须展现出相应的标志：盾形纹章，或是言谈、衣着、行为的独特风格。

验证头衔并确保它们被永久识别，是社会的一项主要职能。

20

正是由于头衔的永恒性，我们可以先辨别死亡对于有限游戏和无限游戏的重要性，以及在有限游戏和无限游戏中对死亡理解方式的巨大差异。

有限游戏必须始终以终结性的举动取得胜利，在游戏界限内的终极举动让获胜者超越了任何可能的挑战。换言之，终极举动导致了对手作为参与者的死亡，获胜者杀死了对手。从继续比赛的能力来看，失败者已经死亡。

严格说来，生与死这类事物极少成为有限游戏的赌注。获胜者赢得的是头衔，而失败者被宣告在游戏中死亡，无法继续比赛，就相当于宣告这个人完全没有头衔——无须给予他任何注意力。在有限游戏中，死亡是过去对于未来的胜利，任何惊奇都不可能存在于其中。

因此，有限游戏参与者的死亡无须与肉体的生理消亡有关，它并不是指一种肉体状态。死亡与肉体命运的关联方式有两种：一个人活着，但他已经死了，或者一个人死了，但他还活着。

活着但已死亡是一种存在形式，这个人已经停止了所有赛局，不能为头衔作进一步努力，所有与他人的竞争关系都已被遗弃。虽然并非所有人都这样认为，但在一些人看来，活着但已死亡是一种不幸，无奈接受失败者的身份，不会得到任何头衔。但对另一些人来说，活着但已死亡被视为一种成就，一种精神磨炼的结果，如旨在消灭与世界斗争的所有痕迹，从对各种头衔的需要中解放。苏菲派[8]神秘主义者有这样一句话："在死亡之前死亡。"

死了却仍然活着是指，由于获得了头衔并且由于头衔之永恒，头衔获得者及其头衔可能不会被死亡消灭。在这种情况中，死亡并非奖励，而是拥有奖励的必要条件。胜利者之永存并不是因为他们的灵魂不受死亡的影响，而是因为他们的头衔永远不会被忘却。

流传后世的并不仅仅只有埃及法老的灵魂，还有他们的全部职能和角色，以及尘世胜利的所有有形提示物——包括陪葬法老进入永恒的仆人。对基督教圣徒来说，"死亡已失去了它的刺"并不是因为人类灵魂中有某种天生不朽的东西，而是因为他们打了一场漂亮仗，并成功向着"神在基督耶稣里从上面召我来得的奖赏"奔跑。（使徒保罗）

士兵普遍都达到了死去仍然活着的状态。战士们打仗不是为了活下来，而是为了救国。事实上，那些只是为了保护自己而战的战士，被认为是犯了最严重的军事罪行，而为国捐躯的士兵能

---

8 苏菲派是伊斯兰教下一个神秘主义派系，是对伊斯兰教信仰赋予隐秘奥义、奉行苦行禁欲功修方式的诸多兄弟会组织的统称，他们信奉苏菲主义（Sufism）学说。这句话中后一个死亡（die）是指此生肉身的死亡，前一个死亡（die）是自我（ego）的死亡。

得到国家的最高奖励：他们被宣告为不可忘却的人物，即便是无名的战士也受到纪念——虽然他们的名字已无从追寻，但他们的头衔永在。

有限游戏的优胜者所实现的并不是来世，而是后世，不是继续存在，而是延续自己头衔的认可度。

21

有些游戏似乎确实是生死攸关。

极端形式的束缚有时让人以活着为代价换取进行比赛的机会——死亡就是拒绝比赛。但这种交换有些奇怪的地方。奴隶获得生的机会但并没有获得多少生活的可能，其人生的唯一功能就是反映主人的优越地位。奴隶的生命是主人的财产，奴隶的存在只是主人之前胜利的象征。

奴隶只有放弃自己的生命才能生活。“爱惜自己生命的，就丧失生命。在这世上恨恶自己生命的，就要保持生命到永生。”（耶稣）

这种生死形式的束缚还有一个常见例子，即那些诉诸昂贵医疗手段来治疗致命疾病的人，他们似乎也是通过放弃生活来争取活下来。那些遵循特殊饮食习惯或生活模式以延长青春并无限期延缓衰老和死亡的人，也是如此。他们痛恨自己此时在这个世界的人生，意欲在未来拥有人生。与奴隶一样，他们获得的生命是其他人给予的：医生、瑜伽士或匿名崇拜者。

如果有限游戏参与者将生存视为要赢得的奖励，那么死亡就是失败的象征。因此，死亡并不是参与者选择的，而是被强加的。若与死亡的抗争失败了，那么死亡便降临在这个人的身上。死亡是一种审判，是耻辱和弱点的象征。有限游戏参与者的死亡是应得的、自找的。“罪的工价乃是死。”（使徒保罗）

如果失败者死亡，那么死亡者也是失败者。

这里存在一个矛盾：如果赢得有限游戏的奖励是生命，那么参与者便没有好好地活着。他们在争夺生命，生命也就不是赛局，而是赛局的结果。有限游戏参与者参赛是为了活命，他们没有享受自己的参赛。因此，生命是应得的、赋予的、被占有的、赢得的，而不是生活的。“生活本身似乎只是生命的一种手段。”（马克思）

这是所有有限游戏所共有的矛盾。因为有限游戏旨在以一位参与者的胜利终结比赛，每个有限游戏都是为了结束自身。矛盾恰恰就在于，所有有限游戏都是在对抗自身。

22

对有限游戏参与者而言，死亡是抽象而非具体的。死亡的并不是整个人，而是整体中抽象的一部分，整体在生中死亡，或曰在死亡中活着。

生命对于有限游戏参与者而言也是抽象的，并非整个人在活着。如果生活是生命的手段，我们必须将自己加以抽象，但这只是为了赢得一个抽象的东西。

因此，永生就是这种抽象的胜利。永生是无法解脱的剧本性的状态，永生的灵魂只能继续存在于一个已经写就的角色中。永生的人无法选择死亡，也因为同样的原因无法选择生存。永生是严肃的，绝非玩笑。一个人的行为除却其本身，可以没有结果。来世并无惊奇。

当然，灵魂——赤裸裸的灵魂——的永生，消除了任何个性痕迹，很少有人渴望这样的永生。“我的灵魂将永存这个消息，比起我的阑尾将被永久地保存在一个瓶子中的消息，可能跟我的关系并没有那么多。”（弗卢[9]）人们往往想要保存的是公众形象，一种永远受到遮蔽的自我。永生是一种忘记了我们已经忘记了的状态，即忽略了我们自愿决定参加有限游戏的事实，这个决定本身是游戏性质的，而非严肃的。

因此，永生是有限游戏之矛盾的最高级例子，它是一种人们无法生存于其中的生活。

23

无限游戏参与者终有一死。由于死亡的界限总是游戏的一部分，无限游戏参与者并不是死于游戏结束时，而是在游戏进行的过程中死亡。

无限游戏参与者的死亡具有传奇性。它并不表示游戏随着参与者的死亡而告终，无限游戏参与者的死亡是继续赛局的一种方式。因此他们并不是为了自己的生命加入赛局，他们为自己的赛局而活。但由于赛局总是与人交互进行的，因此，无限游戏参与

9 安东尼·弗卢，英国当代哲学家。

者的生和死都是为了延续他人的生命。

有限游戏参与者为永生而战，而无限游戏参与者以凡人之躯游戏。在无限游戏赛局中，参与者之所以选择终有一死，是因为他总是传奇式地进行游戏，即面向开放，面向地平线，面向惊奇，在这之中没有什么能够事先被写就。这种游戏需要完全的易受影响性，参与者创造了一个界限，不再与他人一起游戏，而是在游戏中与他人对抗。

在有限游戏中，死亡是一种失败。如果一位参与者的界限失守，那么他就败给了对手，死亡就降临了。有限游戏参与者在另一位参与者的终结举动下死亡。

尽管无限游戏参与者选择死亡之躯，但他们可能不知道死亡何时降临，但我们总能说“他们死在合适的时候”。（尼采）

有限游戏的生存之争是严肃的，无限游戏的生存之争是玩乐性的。无限游戏的过程中回荡着某种笑声，这并非对他人达到了某种出乎意料的终结的嘲笑，而是认为他们正走向别处。这是与他人一起发出的笑声，我们一起发现自以为即将到达的终点，其实是一条出人意料的开放的道路。我们欢笑，并非因为有什么出人意料的使人无法继续的东西，而是因为那些出人意料地令人可以继续的东西。

24

无限游戏本身就具有悖论性，正如有限游戏本身就是矛盾的。因为无限游戏参与者的目的是继续赛局，而不是为了自己游戏。有限游戏的矛盾在于，参与者渴望为了自己终结游戏。无限游戏的悖论则是，参与者渴望他人继续。矛盾正是只有他人继续游戏，他们才能继续。

无限游戏参与者对游戏是否能继续的影响最小时，其表现就最好。正因此，他们以凡人之躯参加游戏。

无限游戏的乐趣、它的欢笑，来源于去尝试启动一件我们无法结束的事情。

25

如果有限游戏参与者因为赢得游戏而获得头衔，那么无限游戏参与者除了自己的名字，一无所有。

名字与头衔一样，都是他人给予的。人无法为自己命名，就像无法给自己授予头衔一样。然而，头衔是因为一个人的成就而授予的，与此不同，名字是出生时获得的，刚出生的人还什么都不能做。头衔在游戏终结时授予，名字则在出生时获得。

当一个人被他人以头衔相称，人们的注意力便放在了已经结束的过去，关注的是一个已经终结的游戏，并且这个游戏不会再重演。头衔实际上将参与者带离了游戏。

如果一个人只因名字为人所知，他人的关注点则落在开放的未来。我们无法知道该期盼什么。我们以姓名称呼彼此时，忽略了所有的剧本，并开放了所有能让彼此的关系变得深度互惠的可能性。我现在无法预测你的未来，它令我的未来也变得不可预测。我们的未来交织在一起，你的未来和我的未来成为了我们的未来，我们让彼此为惊奇做好准备。

头衔是抽象的，名字总是具体的。

当人们被视为胜利者时，他们的名字便拥有了头衔的权力。我们有时“为了让自己的名字不受诋毁”，或是为了捍卫“家族的美名”，而采取行动。名字甚至可能成为正式的头衔，如“恺撒”“拿破仑”或“耶稣超乎万名之上的名”（使徒保罗）。当耶稣成为了一种头衔而不再是名字时，他就成为了一个抽象的剧本化角色，一个我们无法与之共享未来的人，他是一个王牌参与者，我们以一个已经为我们写就或决定的剧本，度过他的未来。

"还没有亚伯拉罕，就有了我"，耶稣在《约翰福音》中这样描述自己。

26

头衔指向的是过去，它们起源于不可重复的过去。

头衔是剧本性的，每个头衔都有其特定的言谈和行为的礼仪形式。船长、夫人、主人、绅士、教授、同志、父亲和副国务卿这些头衔，不仅代表其适当的尊重或尊敬的言谈模式，也标志着其说话的内容，同舰队司令、地方检察官或圣母只适于谈论某些特定话题。这些头衔也标志着说话的礼仪，如握手、跪拜、叩首或用手在自己身上划十字、敬礼、鞠躬、转移目光或静默站立。

言谈内容和行为礼仪的模式是被其所在领域认可的，在这个领域里，有头衔的人不再竞争，因为很明显，没有人会再同世界重量级冠军竞争。人们不可能在现在剥夺他们在过去获得的头衔。因此，只要我们认可他们的头衔，我们就退出了与他们在相关领域的任何竞争。

27

在获得头衔的领域，头衔是强大的，周围的人应该屈服，收回他们的反对，并遵循头衔的意愿。

预先假设权力的行使会受到阻碍，只有两种或多种因素处于对立时，权力才变得明显。

能撼动另一种权力的因素更强大。如果没有人努力成为菩萨或印第安纳州军乐队领队冠军，那么这些头衔就毫无权力，没有人会尊重它们。

我们也预先假设权力的行使是在一个封闭的领域和有限的时间单位内。我的权力由我在既定时间和空间限制内所能化解的阻力决定。问题不是我能否举起十磅的物体，而是我能否将十磅的物体在一秒钟内举离地面五英尺，或是遵循其他特定时间和空间的条件。限制的存在让我们得以知道自己与别人相比有多大权力。

权力总是通过比较来衡量。事实上，它是竞争的术语：与他人相比，我能克服多少阻碍？

权力这个概念只存在于有限游戏，但只有在游戏结束，即预定的时间结束后，才能正确衡量。在游戏进行的过程中，我们尚不能确定参与者的权力，因为只要是真正在游戏，那么结果就是未知的。一个参与者在游戏中受到明显比自己更强的参与者穷追猛打，但他可能会在最后出人意料地爆发并取得胜利。1948年的美国总统选举中，直到选举的最后时刻，许多美国人还认为哈里·杜鲁门[10]比托马斯·杜威[11]差得远。

我们谈论一个人的权力，就是在谈论这个人在某个封闭领域所完成的事情。了解权力就是回溯过去。

权力由游戏的结果决定，一个人并非因为强大而获胜，而是通过获胜变得强大。如果在游戏开始之前，一个人就拥有足够的权力赢得游戏，那么接下来发生的就根本不是游戏。

一个人只有通过获得受到认可的头衔，即只有通过他人仪式性的尊重，才能拥有权力。权力从来不是一个人自己的，从这个角度来说，这表明了所有有限游戏固有的矛盾。我只有通过停止游戏，通过表明游戏已经结束，才能拥有权力。因此，我只能拥有别人给我的那种权力。权力是游戏结束后观众所赋予的。

权力是矛盾的和剧本性的。

---

10 美国第33任总统。

11 美国政治家，1944年和1948年期间两度作为共和党候选人参选美国总统，但都败选。

28

权力是对头衔的敬重，这个说法似乎令人难以置信。如果说现实具有某种永久特征，那一定是权力——内部和外部优势力量的不断冲击。从天气变化和国家政府的行为，到无法抗拒的本能冲动和衰老的过程，一切事物都似乎在印证我们是环境中无助的生物——在这种程度上，我们是无力的。“权力是剧本性的”这种说法似乎很明显是错误的。

然而，权力的戏剧本质似乎符合之前提到的原则：必须参与游戏的人无法游戏。这一原则的直观思想是，除非我们充分配合，除非我们加入游戏并且为了胜利而参与，否则没有人能让我们参与竞争。由于权力只有在比较中，即在竞争条件下，才能被衡量，所以它预设有某种形式的合作。我们敬重获得头衔的胜利者，只是因为我们认为自己是失败者。这样做就是自愿地进入权力的剧院。

当然存在超越我们自身反抗能力的政府行为、自然灾害或上帝的旨意，但我们不可能认为它们打败了自己，自己是失败者。我们不会被洪水、遗传性疾病或通胀率所打败。这些确实都是真实存在的，但我们不会与现实对抗，我们根据现实竞争。我们不会消除天气或遗传的影响，而是接受它们是现实，建立了游戏的环境，它们是我们进行游戏的限制。

如果我接受死亡是不可避免的，我就不会对抗死亡，我以必死之躯来抗争。

有限游戏的所有限制都是自我限制。

29

权力只是有限游戏的特征。它不是传奇性的，而是剧本性的。那么无限游戏参与者如何与权力抗衡？无限游戏总是具有传奇性，其结果无休止地开放，不可能回溯过去，对权力和以前游戏的缺陷进行明确的评估。无限游戏参与者放眼未来，并不着眼于胜利，而是着眼于继续比赛，过去需要被不断地重新解读。无限游戏参与者并不对抗他人的行动，而是发起自己的行动，使得他人能够发起他自己的行动进行回应。

在无限游戏中，我们需要一个与“权力”相对应的词。姑且说有限游戏参与者为了权力而参赛，无限游戏参与者凭借力量参赛。

有权力的人会给过去一个结果，解决所有悬而未决的问题。有力量的人将过去承载到未来，表明过去的问题无法得到解决。权力关乎已经发生的事情，力量关乎还未发生的事情。权力的数量有限，力量无法被衡量，因为它是一种开放而非封闭的行为。权力是人们在限制中所具有的自由，力量则是伴随被限制的自由。

权力总是被限制在相对较少的被选定的人中，而任何人都能有力量。

力量是矛盾的。我有力量并不是因为我能通过与他人竞争的结果去强迫他人做我想做的事，而是由于我能允许他们在我与他们竞争的过程中做他们想做的事。

30

虽然只要想做就能成为无限游戏参与者，尽管任何人都可以有力量，但并不是说权力不会给无限游戏造成不可弥补的损害。无限游戏无法阻止和消除邪恶。虽然无限游戏参与者有力量，但他们并没有权力，也不尝试变得强势。

邪恶是无限游戏的终结，它使无限游戏在听不见的静默中结束。

听不到的静默并不一定表示参与者的死亡，听不到的静默不是指参与者的失声，而是倾听参与者声音的人的失去。当生活的传奇由于他人的失聪或无知而无法继续，那就是不幸的。

也存在能被听到的静默，甚至是来自亡者和严重受压迫的人。有许多东西可以从明显被忘却的过去中恢复。敏感而认真的历史学家能够了解到很多已经失落的东西，因此很多东西得以被延续。

然而，有些静默永远不会也不能被听见。有很多不幸都不可挽回。欧洲人首次登上北美大陆时，当地土著拥有多达一万种不同的语言，每种语言都有自己的诗歌、历史与神话，拥有与自然环境自发性地和谐相处的独特方式。而现在，除了极少数的土著语言，其他的都已销声匿迹，他们的文化永远败给了无知地站在他们土地上的我们。

邪恶并非有限游戏的终结。有限游戏参与者，即使是为了活命而竞争的人，都知道自己自愿参与游戏的赌注。

邪恶不是尝试根据已设立和接受的规则来消除他人的竞争，而是不管规则只为消除他人的竞争。邪恶不是对权力的获取，而是权力的表达。它是头衔的被迫认可，这其中潜藏着邪恶的矛盾，然而认可不能被强迫。纳粹并不是为了头衔与犹太人竞争，而是想不通过竞争就获得认可，然而，这只能通过让犹太人沉默，使他们不发出声音来实现。他们和自己的文化一同在沉默中死去，没有人注意，就连管理集中营和死亡器械的人也没留意。

31

邪恶从未想成为邪恶。事实上，所有邪恶中所固有的矛盾是，它滋生于消除邪恶的欲望。“只有死的印第安人才是好人”。

邪恶萌芽于历史，可以收拾整理得出一个合理的结论：这一历史是悠久的信念。好像过去正将我们带往一个可指明的结果，这便是邪恶的。认为只有把过去与我们已经有明确观点的问题结合在一起，过去才有意义，这是邪恶的。一个国家相信自己是“地球上最后也是最好的希望”，这是邪恶的。认为历史以重归锡安[12]、无阶级的社会或与所有在世异教徒的伊斯兰化为终

12 天主教圣经称为熙雍，一般是指耶路撒冷，有时也用来泛指以色列地。

结，这是邪恶的。

你的历史并不属于我，我们彼此生活在共同的历史中。

无限游戏参与者明白邪恶之不可避免，因此，他们并不试图消除他人的邪恶，因为这种做法正是邪恶本身的冲动。他们只是试图矛盾地认识到自己内心的邪恶，这种邪恶以试图消除别处邪恶的形式的存在。

邪恶并非内含于无限游戏中的有限游戏，而是有限游戏所有赛局的限制。

CHAPTER 2

第二章

没人能
独自玩游戏

32

没有人能独自一人玩游戏。一个人不成其为人，没有群体，便没有自我。我们并不是作为我们本身与他人有关系，相反，我们是与他人有关系的我们。

同样，与我们有关系的他人，是处于关系中的他们自己。我们不能同与我们无关系者有关系。因此，我们的社会存在具有一种无可逃离的流动特质。这并不是说，我们生活于一个流动的环境中，而是说，我们的生活本身就是流动的。和禅宗的观念一样，我们并不是僵硬的石头，世界之水流在它上面缓缓而过，我们其实是水流自身。我们会看到，这一永不停息的变化并不意味着持续性地断裂，相反，变化是我们人之为人的持续性的一个基础。只有能够变化的，才能够持续下去，这是无限游戏的参与者所遵循的原则。

社会的变动性，以及个体存在的变动性，是我们的根本自由所造成的。这一根本自由可用下列公式来表示：“不得不参与游戏者，是无法全心参与的。”当然，我们知道，有限的游戏不能有变动的边界，因为如果有变动的边界，那么就不可能对获胜者达成一致意见。但是，有限游戏中，每个参与者都能自行决定是否进入游戏和继续游戏，在这一点上，有限游戏是变动的。因此，有限游戏有时候看上去具有固定的社会参照值。比如，不仅爱国的方式有对错之分，而且爱国本身也是一个社会要求。

我们人性中的这一根本变动性与有限游戏的严肃性不相调和，因此，这一变动性向我们提出了一个不可避免的挑战：如何在好玩中保持严肃性，也就是说，如何使我们的有限游戏无限地玩下去。

这个挑战通常会被误解，被错误地等同于如何在有限的游戏中为好玩保留一定空间。以上所指的是，玩耍或者说进行一种无结果的游戏，在娱乐、消遣、喜剧性调剂、休闲等词汇中所包含的便是这个意思。最终，严肃性会悄悄回到游戏中。主管的度假，就如橄榄球队的中场休息一样，会成为一种休整方式，使他抖擞精神，来参加更高水平的竞争。即便孩子们感受的好玩，也被组织化的体育、艺术和教育者所利用，用来使年轻人为成年人的严肃竞争做准备。

33

当俾斯麦将政治描述为可能性的艺术时，他所谓的可能性并不会越过界限自身，而是在固定界限中能找到的可能性。尤其因为几乎每一种意识形态的政治家都将自己描绘成自由的拥护者，于是，这种政治便是严肃性自身，做着必须要做之事，甚至令人厌恶地使可能性之门被关闭，“我们必须学会战争和独立的艺术，只有这样，我们的孩子才能学会建筑和工程的艺术，然后他们的孩子才能学到美术等高雅艺术。”（约翰·昆西·亚当斯[1]）

无限游戏的参与者对这种政治并无兴趣，因为他们关心的并不是在既定现实中可以获得多少自由——这种意义上的自由只是微不足道的——而是展现出在为有限游戏划定这些特定边界时，我们有多么自由。他们提醒我们，政治现实并不在我们人性最根本的流动性之前，而是这一流动性的跟随者。

1 美国第六任总统，其父约翰·亚当斯是美国第二任总统。

这并不意味着无限游戏的参与者和政治无涉，他们是政治人，但并不选择特定政治，这一悖论的立场很容易被误读。选择特定政治的一边，通过一整套规则来实现某一目的。而作为政治人，这里的意思是，消除所有社会性目的，而对规则进行重新整合，也即保持人类社会的最根本的流动性。

在无限游戏模式下，作为政治人，绝非无视许多人类同胞所生活的恶劣条件，消除这些恶劣条件是政治的题中应有之义。我们可以想象，无限游戏的参与者面对卢梭的名言“人生而自由，但无往而不在枷锁中”时，会若有所思地点点头。他们明白，对自由的梦想是无处不在的：为了赢得自由，人们发动战争；为了保卫自由，英雄们付出生命；为了赞美自由的实现，一首又一首颂歌被谱写出来。但是，在无限游戏的参与者眼中，政治事务的意向性和意愿性很容易被迫在眉睫需要解决的公共议题所模糊。因此，从最全面的图景看，即使战争和英雄，也有自相矛盾之处。一个国家只有找到认同冲突的另一方，才能投入战争，因此，每一方都必然与另一方复杂地纠缠在一起：在我能有一位敌人之前，我必须说服这个人将我视为敌人。除非首先找到一个会威胁我的生命甚至是要取我性命的人，否则我成不了英雄。一旦开始，战争与英雄行为都披着不得不如此的外衣，但这一外衣经常掩盖着复杂的诡计，敌对双方通过这些诡计进行着钩心斗角。

因此，对无限游戏的参与者而言，政治是一种舞台剧。它是根据某一剧本，面向观众的角色表演，而表演者预先便已知晓了剧本的最后一幕。比如，美国在东南亚的失利，与其说输掉了战争，不如说失掉了战争中的观众。毫无疑问，战士们的幻灭与苦楚，不少是由于缺少最后一幕——迎接英雄凯旋的游行队伍或者送葬仪式，而这一预想中的场景曾鼓舞战士们不惜抛头颅洒热血。

正是因为政治在根本上的剧本特性，导致无限游戏的参与者并不在具体政治议题中站队，或者至少并不严肃对待它们。相反，他们积极投身于社会冲突中，试图提供一种持续性和开放性的图景，来代替英雄主义式的最后一幕。为了实现这一点，他们必须至少做到使其他政治参与者的注意力从“他们觉得必须做某些事情”，转向“为什么他们觉得必须做某些事情”。

无限游戏的参与者在他们自己的政治活动中，严格区分社会与文化。他们将社会理解为受政治约束的关系总和，而文化则是在非方向性的选择下，人和人的相互作用。如果说，社会是人们认为必须要做之事的总和，那么文化则是“变化与自由的国度，

它并不一定普遍适用，权威在这里无从置喙”。（布克哈特[2]）

我们不要把无限游戏的参与者对社会的理解，混淆成本能行动，或者其他非意识行动。和有限的竞争一样，社会也完全是在我们自由选择之中的：不管对参与者来说多费时费力，也从不阻止参与者退出竞赛。仅仅在某些被认为必需的领域，社会才体现它的强制性。

正如无限游戏不能被限制在有限游戏中，文化如果被困于社会边界里，也必不能成为真正的文化。当然，社会经常使用一种策略，即发起或拥抱某种文化，将之作为该社会的独家专属之物。被如此画地为牢的文化，甚至有可能得到社会的极大扶持和鼓励，但它不过是披着开放的外衣而已。实际上，它无一例外都被设计为服务于社会目的。

因此，社会与文化并不是真正的势不两立。其实，社会是文化的一种类型，它坚持与自身作对。社会是自由组织起来的一种努力，致力于隐藏组织者和被组织者的自由，致力于忘记我们已经有意识地忘记我们进入这个或那个竞赛的初衷并继续竞赛下去。

---

2 文化历史学家，代表作为《意大利文艺复兴的文化》。

34

如果将社会理解为人们在必然的面纱下所做的一切，那也应该将它视为某一有限的游戏，在它的边界内，又包含了一定数量的小游戏。

大的社会包括大量的各种游戏，虽然这些游戏都在某种程度上联系在一起，因为它们都影响到最终的社会身份地位。学校向获得学位者颁发含金量不同的学位证书，从这个意义上说，学校是有限游戏的一种。这些学位证书则在更高一级的游戏中，为毕业生提供参赛资格，比如某些名校或某些职业院校的学生毕业之后，在每个职业领域中，又有一系列的更高一级的竞赛等。很多家庭也将自己视为更宏大的有限游戏中的一个竞争单元，训练家族成员赢得可见的社会性头衔。

像有限游戏一样，社会也是有数量、空间和时间的界限的。它的公民是精确定义的，它的国土是神圣不可侵犯的，它的历史是被顶礼膜拜的。

公民在社会中的权力，由他们各自在已参加的游戏中所获得的成绩来决定。社会保有对历史上获胜者的记忆。它的记录、保存功能对于社会秩序来说至关重要。社会成员的大量权益需要得到确认，庞大的官僚体制便是发源于这一需要。

一个社会的权力，是通过在更高一级的有限游戏中击败其他社会获取的。它最值得珍视的记忆，便是在与外邦交战中，为赢得胜利而失去生命的烈士们。战争失败一方的牺牲者几乎从来不被纪念。费迪南 · 福煦[3]有纪念碑，但是贝当[4]则不会有；林肯有纪念碑，杰弗逊 · 戴维斯[5]则没有。

社会中的权力，得到这个社会本身的权力的保证与提高。

一个社会只有在与其他社会关系中保持整体性的权力时，其社会成员所赢得的奖励才能得到保卫。希望将自己的奖励永久化的社会成员，会努力维持这个社会奖励的永久化。爱国主义以它的一种或多种形式（沙文主义、种族主义、性别主义、民族主义和宗教主义），成为所有社会游戏不可分割的部分。

因为权力在本质上是爱国主义的，所以有限游戏参与者的典型特征，便是将追求社会中的权力增长作为提高社会本身权力的一种方式。正是为了社会本身的利益，才鼓励社会中的各种竞争，建立尽可能多数量的奖励，因为被奖励者将是最有可能奋不

3 一战中的法国陆军统帅。

4 法国一战元帅，二战期间亲纳粹维希政府首脑。

5 美国南北战争期间南方的总统。

顾身去保卫作为一个整体的社会不被其他竞争社会打败的。

35

文化则是无限的游戏。文化无边界，在一个文化中，所有人都能成为参与者，无论任何时间任何地点。

因为一个社会精心保持着时间边界，所以它将自己的过去理解为一种宿命，或天命。也就是说，它的历史轨道有明确的起点（某个社会的创立者总是特别得到纪念），以及明确的终点（它的成功性质重复体现在比如“各尽所能，按劳分配”这样的官方口号中）。

因为文化没有时间边界，所以文化并不将它的过去理解为宿命，而是视为历史，也即一种已经开始但永远指向无穷开放性的叙事。文化是人类的事业，拒绝使自己免于惊讶。生活在这样有力量的图景中，他们便避开权力，喜悦地做着各种拓展边界的游戏。

社会是权力的展示。它是剧本性的，拥有既定的剧本，对剧本的偏离，马上会很明显地被看出来。偏离常轨是反社会的，因此被社会通过各种制裁所禁止。越轨之所以被禁止，原因很简单。如果社会成员不遵守社会固有规则，那么规则的数量将会变化，其中一些规则会被彻底抛弃，这将意味着过去的获胜者不再能保证获得对自己头衔的仪式性认可，从而失去权力——就像是俄国革命之后的俄国王公。

保证许多游戏的规则不被窜改，是社会的一项重要功能。像学术评审、贸易和职业的许可、宗教职务授任、国会对官员任命的通过和政治领袖的就职，这些流程都是社会对某些人在特定的有限游戏中进行竞争所做的批准。

然而，越轨却是文化的本质。谁要是仅仅跟随剧本亦步亦趋，重复过去，那么就是文化上的赤贫者。

越轨的性质各有不同，不是所有对过去的偏离都具有文化上的意义。切断与过去的联系，导致对过去的遗忘，这些做法在文化上毫无价值。给传统带来新的思维方式，使我们对一度熟悉的事物生出陌生感，对我们所拥有的一切进行再审视，这样做才是有意义的。

文化偏离不是将我们带回过往，而是将开始于过去并尚未结束的东西继续下去。而另一方面，社会习俗要求在未来完全地重复过往。社会对于不朽这件事情念念不忘，而文化与不可知的各种可能性的欢笑琴瑟和鸣。社会是抽象的，文化是具体的。

有限的游戏能够反复玩无数次。诚然，游戏的获胜者总是在某一时间的特定游戏中获胜的，但是他们获得的头衔的有效性却有赖于此游戏的重复进行。我们纪念早期的伟大橄榄球队运动员，但若橄榄球消失，不出十年，我们恐怕就记不起他们了。

正如我们所见的，因为无限的游戏不能有终点，所以它也无法重复。不可重复性是所有文化的典型特征。莫扎特的第四十一号交响曲不可能再创作一次，伦勃朗的自画像也不可能画两次。社会将这些作品保存起来，认为它们是那些在各自游戏中获胜者的战果。然而，文化并不将这些作品视作奋斗的产物，而认为是奋斗过程中的瞬间——文化即奋斗本身。文化传承着莫扎特和伦勃朗对文化的传承，而二人对文化的传承，是通过自己的工作：对他们所接受的传统进行的原创性或改编性塑造。他们的工作是如此原创，以至于其他人无从复制，但是却呼唤着其他人原创式的回应。

正如无限的游戏有其规则，文化则有自己的传统。无限游戏中的规则能够自由达成或自由更改，文化传统也会被改造，并在改造中发生变化。

准确地说，文化并不是拥有一个传统，它本身就是传统。

36

对于社会的自我认知而言，最紧要的便是要忘记一件事，这件事就是它早已忘记社会永远是文化的一种。社会成员必须找到方法说服自己，他们自身的特定边界是被强加的，而非他们的自由选择。比如，选择成为美国人是一回事，而选择成为美国本身是另一回事。社会思维很容易允许前一种，而从不允许后一种。

有效的公民自我说服术有多种，其中之一是财产的授予。谁实际上拥有社会上的财产，它是如何分配的，远不及财产本身的存在这一事实更为重要。要理解财产的独特动力模式，我们必须返回到有限游戏的一个特征。

有限游戏的获胜者赢得的是头衔。头衔是其他人对于特定游戏中获胜者的一种承认，自己不能自封头衔。头衔是剧本性的，要求得到观众的授予和尊敬。由于承认这一头衔者接受这一事实，即获胜者赢得头衔的竞争不能再比第二次，所以财产便与头衔相伴而生。头衔的所有权表示了大家一致认为，特定的那场比赛已经永远结束。

因此，对于每个头衔而言，其有效性的根本就在于它是可见的，并且在这一可见中，它指向了获得它的那场较量。财产的目的，就是使我们的头衔变得可见，财产是标志性的，它让其他人想起我们所向披靡的那些获胜领域。

财产也许会被偷，但是小偷并不因此占有它。物主身份是永远偷不走的。头衔是无时间性的，财产亦然。国家有时会宣称某块土地是自己的财产，并且该所有权可追溯到多个世纪前，因而挑起战事。头衔可以被继承，而当被继承时，财产便移交给继承人——当然这位继承人必须具有维护头衔的能力。（继承人的无能或无德，经常导致继承的合法性被挑战。）

然而，小偷并不是要偷窃头衔。他并非想攫取属于其他人的东西。小偷并不会拿我所写的文章与我竞争，他所争夺的是文章的著作权。小偷意在赢得头衔，认为我宣称拥有头衔的那些东西不属于任何人，时刻等着拿取。《雾都孤儿》中机灵鬼对奥利弗说："假如你不去拿手绢和金表的话，别人也会去拿的。那么丢东西的家伙全都倒霉了，你也倒了霉，撇开捞到东西的小子不算，谁也摊不上一星半点好处——你跟他们没什么两样，也有权利得到那些东西。"

37

社会存在的必要性之一，就来源于它确认财产，并使它们具有法律效力。“人们联合成为国家并置身于政府之下的重大的和主要的目的，是保护他们的财产。在这方面，自然状态有着许多缺陷。”（约翰·洛克[6]）

当我们发问一个社会如何保护公民财产时，我们可以想到的回答便是，它可以使用强制力来实现这一点。这一回答带来了一个两难困境。虽有限制小偷的各种强制方式，但很明显的是，强制力不可能让《雾都孤儿》中的机灵鬼认同绅士对他口袋中的手绢拥有所有权。除非这位小流氓被说服自愿认同这一所有权，否则他还是一个小偷。推而广之，这一观察适用于整个社会。若社会成员对于财产掌握在实际获胜者手中不能达成自由的一致意见，那么这个社会便没有有效的授权模式。

强制力建立不了这一一致意见，实际情况往往是其反面，强制力是由一致意见建立的。只有同意社会各种条条框框的人，才会将它们视为条条框框，也就是说，将它们看做行动的指南，而

6 英国哲学家，其宪政民主思想对美国的建国产生了巨大影响。

非被反对的行动。

挑战社会的既有授权模式的那些人，不认为执法官员是具有权力的，而是把他们视为一场斗争中的劲敌，这场斗争的结果会决定哪一方握有权力。人并不是通过权力来获胜的，人是获胜之后才变得有权力。

只有通过自主的自我蒙蔽，人们才能相信他们之所以遵守法律，乃因为法律是强制性的。我们并不是因为信号灯变了，才通过十字路口，而应该这样说，当信号灯变了时，我们通过十字路口。

这意味着一个特别的包袱背负在财产所有人身上。因为只有在法律能够说服其他人遵守时，法律才能有效保护他们的所有权。他们必须将一种剧本性注入财产中，以便颇有成效地鼓励其对手按照剧本行事。

38

实际上，财产的剧本性拥有一副精心打造的结构，导致财产所有人必须花费大量精力才能维持。如果财产要令人信服地具有标志性意义，也即如果要充分使人留意到财产所有人在过去的胜利中获得的头衔，财产所有人便背负了双重包袱。

首先，他们必须证明其财产的数额与获取拥有它的头衔的竞赛难度相当。财产应该被视为一种补偿。

其次，他们必须显示其财产的类别与所赢得的竞争的性质相对应。财产应该被视为是消费性的。

39

只要财产所有人能够显示他所得到的只不过相当于为了得到它而付出的艰辛，财产便恰如其分地是补偿性的。财产所有人的付出，和他通过头衔从别人那里得到的收获，二者之间必须是对等的。若人们无法显示他们的既有财富和要获得此财富应冒风险之间有对等关系时，他们的头衔便会遭到质疑。富有者经常成为小偷、赋税的目标，老百姓也希望能分享其财富，就好像他们的财富并不只是补偿，因此并不完全属于他们。

参与者为某一头衔而在竞赛中所付出的，如果仅是被补偿，那么就是回到他竞赛之前的状态。

财产是一种恢复过去的努力。它使人回到竞争之前的地位。

补偿给人们的是他们在竞争中所付出（以及所丧失）的时间。

然而，这一恢复过去的努力是剧本性的，它再成功，也至多只能达到对观众而言一目了然的程度。财产必须占有空间，它必须位于某个醒目的地方。也就是说，它必须以一种他人能碰到并且能注意到的形式存在。我们的财产必然会打扰他人，挡住他人的道，导致他人起争夺之心。拥有大量财产的人士一般都有许多地产，以及拥有在社会上到处活动的自由。与此同时，富人的财产也有着聚拢和限制不那么有钱者的力量。穷人一般都被限制在狭窄的地理区域中，被其他人视为异类。

对于财产所有人来说，其中潜藏的危机并不在于财产的数额，而在于财产拥有吸引观众注意力的能力，因为对这些观众而言，财产应是恰到好处的标志性的。也就是说，这些观众将财产等同于对在获取财产的过程中所付出的努力和技能的补偿。

40

财产所有者身上还背负着第二重剧本性要求的包袱。一旦他们使人们留意到在获得他们所拥有财产时付出了多少，他们就必须消费自己因付出而所获得的。这里的直觉式原则是，拥有自己不需要使用或者未计划使用之物，是没有道理的。人们赚钱并不是仅仅为了把钱存起来，以备未来有任何使用它的可能性。

消费被理解为一种意向性活动。人们花费财产，并非简单地消灭财产——否则一把火烧光它们便足矣——而是以某种方式来使用它。

消费这种活动，直接对立于赢得头衔的竞争行为。消费必须是这样一种活动，即能够让旁观者确信，财产拥有者的身份不再受到质疑。

某人越被视为有权力，我们就越希望他们做得少些，因为他们的权力只能来自他们已经付出的。在体育比赛之后，冠军头衔已经决出，很常见的一个景象是观众们将获胜者们抬到肩上，扛着他们游行，就好像获胜者们是如此无助——这与获胜者们刚刚展现出来的技能与力量形成了最尖锐的对比。君主经常乘坐具仪式性的交通工具，而富人则有豪华马车或轿车接送。

消费这种活动与辛苦的劳动是如此不同，它以休闲，甚至懒惰为表现方式。我们通过无所事事来展现过去辛劳所换来的成功。因而，我们越是多多消费，我们就越能将自己在过去竞争中的获胜者身份显示出来。“在劳动中缺席者因此成为非凡金钱成

就和名誉的惯用标志，相反，从事生产性劳动者是贫穷与服从的标记，所以它便与社会中的受尊敬身份全然无关。”（凡勃伦[7]）

正如补偿通过占据空间而使自身变得醒目，消费是通过它所占据的时间来吸引注意力。财产不仅必须打扰到他人，而且必须持续地打扰他人。我们所拥有的财产的数量，其衡量标准是，我们能够保持引人注目并使他人根据我们的空间存在来调整他们的活动自由的总时间长度。有钱人的共同心愿便是通过立遗嘱避免财富迅速耗尽，如捐助社会重要机构，或者以他们名字命名的伟大建筑，以达到万世留名。小规模胜利的获胜者，或者居于次高位者，不拥有具有伟大时间价值的财产，他们的财产会迅速耗尽。至于社会希望永远铭记其胜利的那些伟人们，会在中心城市矗立起他们的永久性杰出纪念碑。这些纪念碑经常占据相当大的空间，使交通改道，横亘在散步者的路线上。

很显然，对无限游戏的参与者来说，当财富与其说是被拥有的，不如说是被消费的。

---

7 美国经济学巨匠，代表作有《有闲阶级论》。

41

如果组成国家的理由之一在于对财产的保护，再如果财产与其说是受权力保护，不如说是受剧本表演来保护，那么社会其实直接依赖于它的艺术家们——柏拉图称之为创造者、说书人、发明家、雕刻家、诗人，以及任何原创性的思想家。

当然，若《雾都孤儿》中的机灵鬼的双手始终被警察牢牢抓住，那伦敦的绅士们就不会发现自己的口袋里突然出现这一脏手。但是如此高压而极端的政策，要求执法者抓住所有潜在罪犯，势必会导致社会迅速陷入混乱。

一些社会相信，要是能保证包括窃贼在内的所有社会成员都有一份体面的财产——许多社会福利立法便是基于此想法——盗窃就能被根除。但是将一枚硬币放到机灵鬼的口袋里，是不可能说服他为了一枚硬币，放弃整座金矿。

对一个社会而言，更有效的防盗策略是让窃贼们放弃财产竞争者的身份，转而成为财富剧本的观众。也正是出于这个原因，社会有赖于那些创造者的技能——他们能够将财产关系甚至每个社会的内在结构都剧本化。

所有知晓这一剧本化的社会理论家都应该受到最严肃的对

待。没有剧本化，也便没有文化。一个没有文化的社会将如一潭死水，令人无法忍受。试想一下纳粹要是失去它的音乐家、美术家、布景师，失去它的建筑师阿尔伯特·斯佩尔（Albert Speer）和舞蹈家瑞芬舒丹（Leni Riefenstahl），将会成什么样？即便在柏拉图的理想国中，在它专制的硬壳下，还是有“许多不必要的人和物，例如猎人、模仿形象与色彩的艺术家、一大群搞音乐的人、诗人和一大群助手——朗诵者、演员、合唱队、舞蹈队、管理员以及制造各种家具和用品的人，特别是做妇女装饰品的那些人”。（柏拉图）

如果财富和力量应被表演，那么巨大的财富和力量就应该被天才式地表演。

42

社会思想家虽不会忽略创造或口诗性创作活动的重要性，他们也不会低估其危险性，因为创造者是最易回想起那些已经遗忘之事的——即社会是文化的一种。

社会通常以非常暧昧的方式来对待其创造者。苏联当局不认为所有的天才艺术必然遵从社会主义现实主义的准则，但却认为总是有可能找到与社会主义现实主义相吻合的真正艺术。因此，创作中不服从这一准则的艺术家就会因为不愿伤害艺术的完整性而受到惩罚。柏拉图并不希望他的艺术家们作出妥协，但是他也说：“诗人应该按照某些路子写作他们的故事，不应写出不合规范的东西。”

因此，每一个社会最深刻最主要的斗争并不是与其他社会的斗争，而是与存在于它内部的文化的斗争——文化即是它本身。与其他社会的冲突，实际上是一个社会限制其自身文化极有效的手段。大权在握的社会并不是为了投入战争而让它们的创造者闭嘴，相反，投入战争正是让创造者沉默的一种手段。原创的思想家可能被处决或流放而遭到镇压，或者他们会因为贪求荣华富贵去拍马溜须，转而成为赞美社会的英雄。亚历山大大帝和拿破仑把诗人和学者带在身边共同作战，不但使自己免于心烦意乱地四处镇压，也扩大了见证他们胜利的观众人数。

社会对抗其内部文化的另一个成功方法，是给予艺术家们一块地方，将他们视为财产的生产者，于是便提高了消费艺术的价值。很明显，那些大型的艺术收藏，所有世界级的博物馆，都来自民族主义高涨时期巨富者或者政府的所为。比如，纽约的所有主要博物馆，都与大亨家族的姓氏联系在一起：卡内基、弗里克、洛克菲勒、古根海姆、惠特尼、摩根和雷曼。

这些博物馆的创立初衷并不是保护艺术品免于遭受人民破坏，而是使人民免于接触艺术。

43

文化在一个社会中的破墙而出，并不是在它的创造者开始提出的规则与社会的规则背道而驰时，而是在他们开始忽略所有规则，并且关心如何将观众拉回游戏时——这一游戏可不是竞争性的游戏，而是宣称自己为游戏的游戏。

使一个社会手足无措的并不是态度严肃的反抗，而是全然缺乏严肃感。将军们能够相对容易地忍受以创造反对他们战争的行为，却无法接受将战争展示为创造的行为。

被用来反对一个社会或政策的艺术放弃了自身作为无限游戏的特质，旨在达到一个终点，这种艺术和以高度严肃感来赞颂其英雄的艺术一样，都是宣传口号。一旦战争，或者其他社会活动，被带入创造的无限游戏中，它便变得颇具剧本性或者无目的性（就像美本身是无目的性的），于是就发生了一个巨大危险：战士们发现自己的奖励失去了观众，也便失去了为他们而战的理由。

44

由于文化自身是一种创造，所以它的所有参与者都是创造者——发明家、制造家、艺术家、说书人和神话作家。不过，他们不是现实的创造者，而是可能性的创造者。文化的创造力本身不产生具体成果，也没有终点。它不产生艺术作品、手工艺品和产品。创造力是在他人中不断使它自己诞生的一种连续性。“艺术家并不是创造艺术对象，而是通过艺术对象来进行创造。”（兰克[8]）

因此，除非在旁观者中产生创造力，否则艺术不成为艺术。拥有艺术对象者，并不等于拥有艺术。

由于艺术从不是占有物，而永远是可能性，所以被占有物必

---

8 德国历史学家，近代史学之父。

定不具有艺术身份。如果说艺术不能成为财产，那么财产作为财产也永远不可能是艺术。财产使人注意到头衔，回指向一个已完成的时间。艺术则是动态的，总是向前敞开，开启了不可能终结之物。

因为文化不是终结性的，而是不断生成的，所以它不包含固定数量的可接受行动。拥有特定技术或者展现艺术技能，并不等于就是艺术家。艺术并不为其表达者设定剧本角色。正因为没有剧本角色，所以它才是艺术。艺术创作可以在任何地方找到，实际上也只能在任何地方找到它。人必须被它所惊讶。它是不能被寻找的。我们并不观察艺术家做了些什么，而是看人们做了些什么，然后在其中发现艺术创作。

艺术家是不能被训练出来的。获得某些技能或技艺，并不能使人成为一名艺术家，虽然在艺术活动中，我们会使用各种技能或技艺。在时刻准备惊讶的那些人身上，都可以发现创造性。这样的人并不能通过上学而成为一名艺术家，而是只能作为一名艺术家去上学。

因此，诗人不“融入”社会，并不是因为社会拒他们于千里之外，而是因为他们严肃对待他们身处的“社会”。他们公开将它的各种角色看做是剧本性的，将其风格视为舞台姿势，其衣着为戏服，其规则为传统的，其危机是被安排的，其冲突是被表演的，而其形而上学是意识形态化的。

45

将社会视为文化的一种，并不等同于要推翻甚或改变社会，而只是去消除它感知的必要性。无限游戏的参与者有他们的规则，他们只是不忘记这一点：规则是对一致同意的一种表达，并不是对一致同意的要求。

因此，文化不是失序。无限游戏的参与者从不将他们的文化理解为他们各自选择之物的大杂烩组合，而是理解为他们彼此选择的一致性。要是迟迟不决定拥有一个一致选择，那便不会有一致性，因此所有文化一致性都总是处于不断修改之中。当文艺复兴开始之时，便是它变化之际。实际上，文艺复兴并非脱离其变化的独立存在。它自身便是某种持续而恰如其分的演变。

因此我们可以说，社会由其边界来定义，而文化则由其视界（horizon）来定义。

边界是一种对抗现象。它是敌对力量的相遇地点。没有对抗，便没有边界。人们不可能越过边界而不受阻挡。

这就是为什么爱国主义——指的是意欲通过增强一个社会的权力来保护社会中的权力——在本质上是好战的。由于没有社会就没有奖励，没有敌人就没有社会，在我们能够需要从爱国者那里得到保护之前，爱国者首先必须创造出敌人来。只有在边界明确、充满敌意和危险的地方，爱国主义才繁盛不息。因此，爱国主义的精神是与军事或其他国际冲突形式典型地联系在一起的。

因为爱国主义就是意欲将所有其他有限的游戏控制在它的内部，也即将所有视界困在边界里。

视界是视线（vision）造成的，并不能被凝视。它只是一个点，越过这个点，我们就什么也看不到了。视界本身一无所有，虽然它限制了视线，但视界为在它之外的世界开启了门径。更确切地说，限制视线的是该视线的不完整而已。

人们永远不能达到视界之处。它不是一条线，它没有地点，它不划地自立，它的所在永远相对于视域。向视界的前进，只会产生新的视界。因此，人们永远不能接近他们的视界，虽然有人的视线比较狭窄，视界也相应较近。

由于视界随我们的视域而动，所以我们永远不可能安处于相对于视线的某个地方。我们只能通过背离视界，通过以一种相反的视域取代原视域，通过宣布我们所站立之处为无时间性的——神圣的宗教、圣地、真理或一系列不可侵犯的命令，而安处于某个地方。安处于某个地方，就是将时间、空间和数量都绝对化。

无限游戏参与者的每一步都是朝向视界的进发，有限游戏参与者的每一步都是在边界之内的。因此，无限游戏的每一个瞬间都提供了一个新的视域和一系列新的可能性。像所有天才的文化现象一样，文艺复兴并不是旨在发展一种或另一种视域，它孜孜以求的是找到视域，并生发出更多视域。

生活在视界中的人从来不是安处于某处，而是永远在路上。

46

文化是视界化的，因此它不被时间或空间所限制。

从文艺复兴是真正的文化这一意义上说，它从未结束。任何人都可以进入它不断更新的视域模式。这不等于我们重复过去。进入一种文化，并不是做其他人做过的，而是与他人一起去做。

这也就是为什么一个文化中的新进入者既进入了一种现存环境，同时又改变了这一环境。一种语言的每个初学者，既学习了这种语言，也改变了这种语言。对一种传统的每一次传承，都使它变成新的传统，正如新生儿诞生后，这个家庭既是婴儿出生前的家庭，同时也是婴儿出生后的全新家庭。

这一转化的双向性与时间无涉。文艺复兴开始于14~15世纪这一事实，与它对我们视界的转变能力没什么关系。这一双向性既是向后的，也是向前的。视界受到文艺复兴影响的每个人，都反过来影响了文艺复兴本身的视界。任何对我们的视域施加影响的文化，都随着这一影响而继续生长着。

47

由于文化并不是人们单打独斗完成的，而是他们相互携手所成就的。我们可以说文化的诞生是在人们决定成为一群人民的时候。作为一群人民，人们对规范、道德和交流方式相互达成一致。

准确地说，文艺复兴不是一段时期，而是一群人民，而且是一群没有边界，因此也没有敌人的人民。文艺复兴并不对抗任何人。不是文艺复兴一份子的人，并不能跑出来反对它，因为他们会发现它只是一个邀请，邀请你加入它的人民。

文化有时会遭到反对，它的思想、作品甚至语言都被压制。这是社会害怕文化在它边界内蔓延而采用的常见策略。但是，这是一种必然要失败的策略，因为它将创造性活动混淆为创造性活动的制成品。

社会一向将思想与其思想者隔离，将制成品与创造者隔离。社会将思想抽取出来，并赋予某些思想以权威，就好像思想是与其思想者，甚至那些最早提出它们的人无关的独立存在。实际上，社会倾向于树立自己的思想，任何思想者都不能挑战或修改这些思想。抽象出来的思想，即没有思想家的思想，仅仅是形而上学。一个社会的形而上学，也就是它的意识形态：将自身呈现为这个或那个民族群策群力造就的理论。文艺复兴没有意识形态。

若人民没有形而上学，当社会遭到威胁、变动甚至覆灭时，人民便不会被威胁到。来自国内外的政府操纵、法律和武力，都不能动摇人们称为一群人民的决心。

作为一群人民的人们，是不需要去保卫什么的。同样，一群人民不需要进攻任何人或事。我们无法通过反对别人来得到自由。我的自由，不取决于你的自由的丧失。相反，由于自由从不是来自社会的自由，而是为了社会的自由，因此我的自由本质上确认了你的自由。

一群人民是没有敌人的。

48

对于一个有边界、披着意识形态面纱以及有终点的社会来说，敌人是必不可少的，冲突是不可避免的，战争是很有可能发生的。

战争并不是脱缰的冷酷行为，而是有边界的社会或国家之间的公开争斗。如果一个国家没有敌人，它就没有边界。为了保证自身的定义绝对清晰，国家必须给自己施加危险。在战争这把达摩克利斯之剑的阴影下，一个国家的人民会更加认同和服从他们社会中的有限结构。“正如风吹能避免因过久的风平浪静导致的海水恶臭一样，腐败也可能是长久和平的产物，遑论‘永久’和平。”（黑格尔）

战争将自己呈现为自我保护的不得不然，而实际上它只是自我身份认同的不得不然。

如果说在战争中与外敌作战，是有限游戏参与者的心愿的话，无限游戏的参与者则是要在国家内部反对战争。

如果说无限游戏的参与者作为一群人民，不可能投身于同另外一群人民厮杀的战争，那么他们能够在自己碰巧所住的任何一个国家反对战争本身。从某个角度看，他们的反战和有限游戏参与者的反战很相似：他们都反对国家的存在。但在消灭国家的理由和策略方面，二者迥然不同。有限游戏的参与者投身反对国家的战争，是因为它们使边界受到威胁。无限游戏的参与者反对国家，是因为它们产生了边界。

有限游戏参与者的策略是通过消灭组成国家的人民来消灭一个国家。而无限游戏的参与者将战争理解为国家之间的冲突，他们的结论是：国家只能以国家作为仇敌，不能以人民为仇敌。“有时候，不杀害对方的任何一个成员也可以消灭一个国家。战争决不能产生不是战争的目的所必需的任何权利。”（卢梭）

对无限游戏的参与者来说，如果在不杀害任何一个人的情况下进行一场战争是可能的话，那么只有在不杀害任何一个人的情况下，才进行战争，也是可能的。因为对无限游戏的参与者来说，有限游戏的参与者忠于战争的主要难点不在于战争会取人性命。实际上，有限游戏的参与者自己就常常发自内心地为此感到伤心自责，并尽可能减少杀伤。主要难题在于，战争是与有限游戏相矛盾的。赢得一场战争，有可能和打输一场战争一样具有毁灭作用，因为若战争的决定性胜利也导致边界的模糊不清，国家便失去了它的自我身份认同。就像当亚历山大大帝得知他再也没有敌手时眼泪横流一样，有限游戏的参与者会很后悔赢得胜利，除非他们迅速发现新的危险来袭。有限游戏的策略是用一场战争来反对所有战争，其结果只能是孕育无处不在的战争。

无限游戏参与者的策略是视界式的。他们并不以强权和暴力与假想敌对抗，而是用创造和视域与他们相遇。他们邀请对方成为在路上的人民。无限游戏的参与者并不以武力相对抗，而是使用笑声、视域、惊讶来与国家交战，使它的边界成为笑谈。

只有意识到边界不过是我们的视域，边界才能被打破，我们所凝视的，是有限的，必定不能打破边界。

49

柏拉图提议，一些诗人应该被赶出理想国，因为他们削弱了保卫者的权力。诗人能够使战争无法打响——除非他们所讲述的故事与国家树立的“总体路线”一致。没有形而上学也因此没有政治路线的那些诗人们，使战争变得不可能，因为他们拥有不可抵挡的力量向保卫者说明，看上去必然之事，其实不过是可能之事。

对柏拉图来说，诗人的危险在于他们的模仿力太强，导致人们难以分辨哪些是真，哪些仅仅是人为创作出来的。对于柏拉图而言，实在是不能被人为创造的，只有通过运用理性来发现，因此所有的诗人都必须为理性而服务。诗人应该让这样的艺术围绕在理想国的公民身边——“引导他们不知不觉地从童年开始，便去热爱、模仿和谐理性之美。”

“不知不觉”这个词显示了柏拉图无意于揭开形而上学的面纱，被引导走向理性的人们并不能意识到它。他们只能在并未选择理性的时候走向理性。柏拉图要求他的诗人们不要去创造，而要去欺骗。

真正的诗人不会让任何人在不知不觉、稀里糊涂中被引导。诗人们寻找的其实莫过于“有知有觉”。他们并不将自己的艺术呈现为虽假似真，而不过是将真实揭示为艺术而已。

其实我们必须提醒自己，柏拉图自己就是一位艺术家，一位创造者。他的理想国就是一种人为创造，他关于理式和美的理论也是人为创造。既然所有遮蔽都是自我遮蔽，我们就不禁这样想，在理性的形而上学家、伟大的哲学家柏拉图身后，站着的是诗人柏拉图，他完全明白自己的所有作品是一幕传奇，是向读者发出的一封邀请，即邀请他们不要重复真理，而是要将他的创造融入自己的剧本中，通过改变他的艺术，来使他的艺术得到延续。

50

我们能够发现形而上学家在思考，却不可能在形而上学家的思考中发现他们。当我们将形而上学与其思想家分离时，它就是一种抽象，是曾经鲜活的行动的不死阴影。它不再是某人正在说的，而是某人曾经说过的。当形而上学独自大放异彩的时候，它使其听者们沉默，当然他们也没有笑声。

形而上学是关于实在的，它不是一种抽象。诗歌是针对实在的创造，是具体的。只要创造物与创造者分离，它便成为形而上学的。它只要矗立在那里，作为不再被聆听的诗人声音，创造物就是被研究的对象，而非被学习的行动。人们能学习的不是对象，而是创造，或者说创造对象的行为。将创造物与创造者分离，将被造物与创作行为分离，是剧本性的核心。

诗人不能被杀死，他们只是死去；形而上学不可能死去，它们只会杀人。

CHAPTER 3

第三章

我是自己的天才

51

我是自己的天才，是我说的话和做的事情的创造者。正在思考的，是我，不是心灵本身。正在行动的，是我，不是意志本身。正在感觉的，是我，不是神经系统本身。

当我像天才般说话的时候，我是第一次说这些话。重复某些话，就是说出其他人似乎说过的话，在这种情况下，我其实并没有说出它们。成为我的话语的天才，就是成为我的话的发源者，第一次也是最后一次说出它们。即便重复我自己的话，也好像是说着另一时空的另外一个人的话。当我放弃自己的天才，像别人一样和你说话的时候，我也是在你所不在的地方向一个你所不是的你在说话，也不指望你做天才般的回应。

当哈姆雷特说他在阅读的时候，他并没有在阅读。当我们表演行动的时候，我们并不是在行动。当我们抱有某些思想的时候，我们也并不是在思考。一只学会握手的狗，与你握手时，它并不是在与你握手。一个能说话的机器人，和你说话时，并不是在向你说话。

既然成为你自己的天才是动态的，它便具有无限游戏的所有悖论特质：当你向他人释放出它的时候，你才能拥有它。你要说的话语也许就在你唇齿之间，但是如果你不通过声音将它们完全向听者说出，它们就永远不会成为话语，你也就什么都没说。话语跟随声音而来，旋即灭去。向我说话，你的话语便成为我的，可以随我喜欢做任意处理。身为你的话语天才的你自己，便丢失了对它们的权威。思想也是一样。无论你是如何将它们视为自己所有的，你都不可能去思考你的思想本身，只能思考它们是关于什么的思想。就像你不可能行动你的行动一样，你也不可能思考你的思想。如果你不能完全以自己的声音来说出你的话语，你也就不能思考那些保持为思想的话语，或者那些能回译为思想的话语。在思考的时候，你使思想超越自身，使它们受到那些它们不可能成为之物的影响。

天才悖论使我们直接暴露在公开互换的动力模式之下，因为如果你是你向我所说话语的天才，我就是听到你所说话语的天才。你原创性地说出的话语，我只能原创性地听。当你让唇齿支配你的嗓音时，我把这些声音移交给我的耳朵。我们每个人都把已经放弃之物放弃掉了。

这并不意味着言谈会化为泡影。恰恰相反，它成为了邀请言谈的言谈。当言谈的天才被放弃的时候，所说的话也就不是原创的，而是重复的。即便是重复我们自己的话语，也是将它们限制在其自身的声音中。被遮蔽的言谈，就是好似我们已然忘记自己是其原创者那样来进行言谈。

原创性地言谈、行动或者思考，就是消除自我的边界，远离有疆域的人格特质。天才并不是填满思想的心灵，而是思想的思想者，是视域之地的中心。只有当我们明白它内部包含了其他视域之地的原创性中心时，这片视域之地才被承认为视域之地。

这并不意味着，我能够看到你所看到的。恰恰相反，正因为我看不到你所看到的，我才去看。你是你自己视域的不可重复的中心，这一发现与我是我自己的中心这一发现是同时的。

52

作为天才的我们，从不只是看，而是去看见。

看某个东西，就是在它的限制之中看它。我看着的是被划分出来、与其他东西区别开来的东西。但是事物自身并没有受到限制。没有东西是自己限制自己的。海鸥顺着不可见的洋流飞翔，猫咪趴在我的桌子上，远处救护车发出的警报，都不是决然与其环境相分离的。它们自己就是环境。要去看它们，首先必须为这个问题寻找到答案：我把它们当做什么。我看一只海鸥，并不是看一只碰巧在那里的海鸥——我是在寻找一些东西。我也许将海鸥视为陆地离海洋已经不远了的信号，我也许为绘画或诗歌寻找创作素材。去看，也就是去寻找。它将限制带给我们。“大自然没有提纲，想象力有提纲。”（布莱克[1]）

如果说看是在限制之中去看，那么看见，就是去看限制本身。绘画的每一个新流派之所以新，不是因为它包含了以前作品中付诸阙如的主题，而是因为它看到了以前作品不知不觉中给其主题所施加的限制。前人艺术家在他们的提纲中工作着，后来的艺术家对前人的想象力进行调整。

看，是一个有疆域的活动。它是在有边界的空间中观察一个又一个事物，虽然这个空间早晚将被全部看见。学术领域就是这

1 英国诗人、画家，浪漫主义文学代表人物之一。

样一片疆域。有时，某个领域中的每一样事物都被看到，被定义，也即被安放在合适的位置，力学和修辞学就是这样的领域。物理学成为这样的领域也许指日可待，而生物奥秘以让我们惊呆的速度，一个接着一个被攻克。找到可以去看的新事物，已经变得日益困难。

当我们从看转向看见的时候，被观察对象并没有从我们的视线中消失。看见，实际上一点也不打扰我们看。它反而待我们如天才般地将我们置于它的疆域内，使我们意识到自己的想象力并不是在其提纲中创造，而是自己创造了提纲。看见的物理学家与我们交谈物理学，邀请我们去看见：我们身边的事物都不是以前所认为的那样。通过从这样一个科学家那里学习新的限制，我们不仅学会了带着限制去寻找什么，也学会了如何去看见我们使用限制的方式。这样教的物理，就变成了一种创造。

53

成为我自己的天才并不是使我成为自己。作为我自己的来源，我也不是我自己的原因，虽然我是自己行动的产物。我不是任何他人行为的产物。父母当初想要生一个孩子，但他们不可能直接想要去生我。我既是自己过去的产物，也是自己过去的转化。

作为过去的一种结果而与其相关，就是与过去具有因果连续性。这样一种关联可以用科学解释来说明。可以说，我是基因影响的结果。出生的日期和地点也具有因果必然性，此二者都是我不能决定的，对此，任何人都没有选择权。根据因果连续性来看，我的出生并不标志着一个绝对的开端，它只不过标志着在一个不中断的连续过程中的任意一个点。从因果角度来讲，太阳底下无新事，层出不穷的只是遵守着已知自然法则的各种变化。

用最纯粹的因果术语来说，我不能说我出生了，我只能说，在生殖过程中，我作为一个阶段而出现。生殖是一种重复，是曾经存在之物的重现。而出生，用因果的术语来说，是不连续的。它有自身的开端，并不是因某事物而产生的。“在这个日子这个地方，我被繁殖出来了”，这样的话是毫无意义的。“我出生了”相当于说，我拥有一个非因果点，这个点跳脱了连续之域——人类智慧难以参透的这个绝对起点。

出生作为这样一个现象，不是一种重复。它不是过去的产物，而是永远在路上的一出传奇的重新排演。出生是一个家族源源不断的历史，甚至文化史中的一个事件。出生使其传奇性质与文化史或家族史中的剧本化之物产生了冲突，它以这一方式宣告了自身的根本原创性。

从剧本化角度看，我的出生是一桩情节早已设定的生育事件。我降生为我的家庭和我的文化的一分子。“我是谁”这个问题早已经由我身处传统的内容与特征提供了现成答案。从传奇化角度看，我的出生是繁殖序列中的一个断裂，这个事件当然会使“过去意味着什么”发生变化。在这种情况下，一个传统的特征由“我是谁”这个问题来决定。从传奇化角度说，每一个出生都是天才的出生。

在新的天才出生之时正在上演的传奇，因为天才的横空出世而被带往新的可能性。然而这出传奇已经充斥了有限游戏的参与者，他们努力地忘记很多东西，并总想保持现状。如果我生在（加入）某个家庭文化中，我也是其政治的产物及公民。在为我准备好的那些形形色色的角色中——长子、最得宠的女儿、家族继承人、家族复仇者——我首先体验到了剧本性和传奇性之间的冲突。

当然，这些角色的每一个都有固定的剧本，其台词可供一个人耗尽一生来重复背诵，同时这些角色又有意忘记或者说压制它只是一个供学习的剧本这一事实。这样的一个人“被迫将被压抑的事情重复为当时的体验，而非将它回忆为过去曾发生的事情，医生则反其道而行之”（弗洛伊德）。正是我们之中的天才，知道过去一定就是过去的，因此它不是永远被尘封的，而是永远向创造性的再解释敞开着。

54

不允许过去的成为过去，也许是有限游戏的参与者之所以那么严肃的最主要原因。只要有限游戏的参与者还有观众，游戏参与者们就希望观众能知道谁是获胜者。换句话说，有限游戏的参与者但凡还有一个观众，他们就希望这个观众是深深入戏的。

除非胜利者的头衔能被他人看到，否则这些头衔毫无价值，与未被看到联系在一起的，便无头衔。我们越是不被看到，就越拥有一个将我们宣判为无足轻重者的过去。这就好像我们被那些既定观众忽略了，甚至遗忘了。如果说，获胜者是当下的可见者，那么失败者便是过去的不可见者。

当我们严肃地（而非怀着戏谑的心）进入有限游戏的时候，我们现身于一群意识到我们不可见的观众。因此，我们感到迫切需要向他们证明，我们不是他们想的那样，或者更精确一些，我们不是我们所认为的那些观众想的那样。

和所有有限游戏的参与者一样，在这一努力的中心，迅速出现一个尖锐矛盾。身为有限游戏的参与者，除非我们自己被观众们说服，否则不会有强烈的获胜欲望，但我们的初衷却是要去说服观众。也就是说，除非按照观众的想法将自己真正看做失败者，我们就不会有足够的获胜欲望。我们越是负面评价自己，就越是要扭转别人对我们的负面评价。

结果便是将矛盾推进到最高潮：通过证明观众们是错的，我们证明了他们是对的。

越是将自己视为获胜者，我们就越知道自己是失败者。这也就是为什么在得到知名度相当高、被很多人觊觎的奖励品的获胜者中，很少有人满足于现有头衔而金盆洗手。获胜者，特别是知名获胜者，必须反复证明他们是获胜者。剧目必须被一遍又一遍地演出。头衔必须得到新比赛的捍卫。没有人已经足够富有、足够光荣、足够被赞誉。我们因胜利带来的可见性，只能让不可见的过去所代表的失败将我们抓得更紧。

对有限的游戏而言，过去的力量是如此巨大，以至于我们必须找到办法来牢记：我们曾经在斗争中忘记了维护自己的权益。

在所有严肃冲突的最深处都有着屈辱的记忆。“记住阿拉莫”“记住缅因”“记住珍珠港”，是这些呼喊让美国人数次投入到战争中。就因曾经被雅典进攻过一次，波斯的大流士[2]就变得对战争情有独钟，并且让一位侍者跟随左右，时刻在耳边提醒：“陛下，牢记雅典人！”

只有记起我们已经忘记的，我们才能全力以赴投入竞争，以至于忘记我们曾经忘记了所有游戏的特征，即“不得不参与游戏者，是无法全心参与的”。

若我们作为自己的天才来行事，则会让过去成为过去。自己的天才能够将我们从愤恨中解救出来，这一方法被尼采称为“遗忘的官能”，它并非对过去的否认，而是通过我们自己的原创性而重塑过去。于是，我们忘记了自己曾被观众们忘记，并回想起我们忘记了自己拥有游戏的自由。

---

2 公元前522~前486年，波斯帝国君主。

55

如果说在我们所生的这个文化中，总是有人通过给我们提供一个可重复的过去，来敦促我们将生活剧本化，也将会有那么一些人（可能与前者是同一人），他们的在场让我们学会了时刻为惊讶做好准备。正是因为这些人的在场，我们第一次发现自己就是天才。

这些人并不是给出我们自己的天才，也不是在我们身体里创造天才。天底下并没有天才养成秘籍，一个小孩子也不能自动变成天才。天才来自于触动。触动是无限游戏最典型的悖论现象。

触动（touch），并不是指两个人的距离减少至零。只有我从自己的心中，同时而原创地回应时，我才真正被触动。但是你必须是从你自己的心中，出自你自己的天赋，否则你并未能触动我。触动永远是双向的。除非我以触动你为回应，否则你无法触动我。

触动的反面是推动（move）。你将我推向一个你预见或预备好的地方，这就叫做推动。这是一个舞台化的行动，只有在推动我的时候，你保持不动，这个行动才是成功的。我可能被技艺精湛的表演、震撼人心的新闻报道感动掉泪，或者被政治宣传或英雄事迹激动得心旌摇荡，但是在这些情景里，我是因某些程序或设计而被感动，相关演员或机构是对此免疫的。当演员被自己的表演弄哭，从剧本性来看，他们便是技艺不精。

这意味着，我们只能被不是他们本人的人们所推动。只有在我们不是我们自己，而是我们不可能成为的人的时候，我们才能被推动。

只有作为所有剧本性面具背后的我本人，我才被触动，但与此同时，我也从内部被改变了——而那触动我的人，也一样被触动。设计好的东西不能触动人。实际上，所有设计性的东西，都会被触动所粉碎。触动者和被触动者，所感受的无非是惊讶。（这一现象的不可预知之处反映在，英语中将精神病患者称为touched）

我们只有遮蔽才能被推动，而穿过遮蔽物，我们得以被触动。

56

触动的特质可以在无限游戏参与者所理解的痊愈与性中得到非常清晰的呈现。如果说被触动，也就是从一个人的心中进行回应，那它也是作为整体的这个人的一种回应。成为一个整体，也就是精神振奋，或者充溢着健康。总而言之，被触动者，即痊愈者。

有限游戏参与者的兴趣不在于痊愈，或成为整体，而在于被治疗，或者说恢复机能。痊愈使我自己重回游戏，治疗使我重回与他人的竞争比赛中。治疗的医生必须将人抽象为某种机能，他们处理的是疾病，而不是人。人们也乐于将自己呈现为机能。实际上，维持整个治疗业的庞大规模与开支，正是由于人们将自己视为一种机能的愿望在四处蔓延。生病等于机能的丧失，丧失机能也即无法在自己喜爱的比赛中参加竞争。这是一种死亡，获取头衔的能力丧失，病人变得不可见。疾病总是带有死亡的味道：它或者是走向死亡，或者是导致某人的竞争者身份的死去。对疾病的恐惧，即对失去的恐惧。

人们从不一般性地生病，他们的病总是和一些有边界的活动相关。并不是恶性肿瘤使我生病，而是因为我无法工作，或无法跑步，或无法吞咽，我才生病了，得的是癌症。机能丧失和活动受阻其实并不能摧毁我的健康。我因为体重太重，所以无法扇动双臂飞起来，但我并不因为同样的理由——超重，而抱怨自己生病了。然而，如果我希望自己成为时尚模特、舞蹈家或者职业骑手，我就会将超重看成一种疾病，并可能去咨询医生、营养师或者其他专家来试图治疗它。

当我痊愈，我回到了我自身，我的自由并不因技能的丧失而减损。这意味着，痊愈并不一定需要把疾病都消灭。我之所以是自由的，并不在于我能克服自己的无力，而在于我能和自己的无能和平相处，与它嬉戏玩闹。治疗指的是治疗疾病，痊愈指的是带着疾病的痊愈。

当然，痊愈拥有触动的所有双向特质。正如我不能触动自己，我也不能使自己痊愈。但是痊愈不需要专家，只需要那些能从他们自己之所在走向我们的那些人，以及准备好自己得到治愈的那些人。

57

对于无限游戏的参与者来说，性完全是另一种触动。人们触动之时，必然是性感地触动之际。

因为性是生命起源的一出传奇，所以它充分表达了准备加入这出传奇的所有人的天才。这便向政治理论家掷出了一个很大的挑战。形而上学家意识到，对社会来说，真正的性表达至少和真正的艺术表达一样危险，因此他们求诸至少两种有力的解决方案。第一种方案是将性视为一种生殖过程，另一种方案是把它置入感觉和行为的领域中。

虽然生殖过程是通过我们的身体而进行的，但它并非自主进行。像所有其他自然过程一样，它也是一种因果连续的现象，本身没有开端和结尾。因此，不能说我们通过自己的活动来开始一段性活动，我们只能由它所带领，因为只有夫妇双方都达到必要条件，才出现怀孕。也不能说某人怀上了小孩，小孩是精子与卵子的相遇。也不是母亲生下了小孩，应该说母亲的身体是小生命诞生的地方。

因此，运用在这一解决方案中的性形而上学，可以在性活动周围划出边界来，使做父母的天才都被留在边界之外。于是就有了我们耳熟能详的一些基督教神学家的观点，他们认为性活动的唯一目的是生育。

但是这一坚守连续性的形而上学，也将孩子的天才完全留在了边界之外。于是，就有了我们耳熟能详的另一些神学家的观点，即生儿育女的目的在于为上帝的王国提供子民。从形而上学角度来理解，性与我们作为个体的存在毫无关系，因为它将个体视为性的表达，而不是相反，即性是个体的表达。

遮蔽真实的性的另一种方法，是将它看做一种感觉，或一种行为。在这两种情况下，性都拥有可被观察到的一些特质。即便它是我们自己的性，我们也仍然在一边旁观它，对它进行评价，就好像它是另一个人的性。我们问自己，问彼此，某些性行为是不是可以被接受，或者是可以去作为欲望的。对于自己或其他人的性感觉，什么样的反应是适当的，我们常常感到困惑。就这样，性被处理为一种社会现象，被居于主宰地位的意识形态所规范、所管理。性反抗，性禁忌的违反者，并不削弱这一意识形态，反而将它肯定为无限游戏的准则。

将性的越轨者视为违反了规范，是很方便的想法。实际上，情况很明显是更为微妙复杂的。他们考虑的并不是反对规则本身，而是试图通过这些规范，加入到竞争性斗争中。性吸引力，或者说性感，只有当因为某些人被冒犯到，才是有效的。色情文学之所以令人兴奋，就在于它揭示了某些被禁止的、不可见的东西。因此，在其中有着强制性的敌意，带有震动与暴力的性质。

因为性是如此富含着生命起源的神秘，所以它成为了被愤恨不满深刻塑造的人类行动区域，在此处，参与者实施多种多样的充满敌意的短兵相接策略。有限的性游戏的参与者不仅需要拒绝加入他们的那些人的反抗，而且必须有加入他们的那些人的反抗。

一位参与者的性谋略，实际上是由另一位参与者的无动于衷、恐惧或者厌恶所激起的。有限的性游戏中情场高手选择这些态度，并不是代表拒绝性游戏，而是将它们作为游戏的一部分。这样，我对你的性的无动于衷或者厌恶，在你擅长的这个游戏中，就成为一种性的无动于衷和性的厌恶。突然之间，我不再对你的游戏无动于衷，只是对游戏中的你无动于衷，同时也实际上使我自己成为你的敌手。这是经典通俗小说和好莱坞爱情电影中的情节：一位冷漠的女孩被热情似火的男孩追到了手。

这一性游戏的深刻严肃性可以在获胜者所得奖励的独一无二特质中窥得端倪。人们希望在性竞争中获取的，不仅仅是击败对手，还希望将被击败者占为己有。性，是全部有限游戏中唯一一个游戏，其获胜者的奖品是被击败的对手。和其他所有头衔一样，性头衔具有醒目的标志。然而，只有在性关系中，人本身才成为他人的财产。在奴隶或者工资劳动关系中，我们拥有的不是奴隶或者工人本身，而是他们劳动的产品。在这种情况下，用马克思的术语来说，就是人被抽离于他自己的劳动。被引诱者使众人留意到引诱者的大获全胜。在性爱的复杂谋略中，我们经常见到游戏参与者玩着一个双重游戏，在这个游戏中，双方都既是赢家，也都是输家，彼此都是对方吸引力的一个标记。

社会在对性的管理上，可谓炉火纯青，不仅为性行为设置明确标准，为性感觉设定应有的正确态度，而且将性征服的标记式展示彻底制度化。这些制度变化各异，从在丈夫的葬礼上，将寡妇活活烧死殉葬，到在当选官员的就职仪式上夫妻双方的同时到场，不一而足。

有限的性，是一种剧本形式，人和人之间的距离经常被缩减到几乎为零，但是双方都没有被触动到。

58

性是生命起源的一出大传奇，所以对社会而言，它是原创性的，并不是社会的派生物。因此，将社会描写为有限的性游戏的规范者，便显得多少有些误导人。更准确的应该是，有限的性游戏塑造了社会，而不是相反。只有在很局限的意义上才能说，我们承担了社会赋予我们的性角色。我们其实是通过性角色的方式进入社会。（比如，我们一般会将国王称为一国之父，而很少会将父亲称为一家之王）虽然社会确实具有规范作用，不过若将性理解为它利用社会来规范自己，则更为准确一些。

这意味着，在对性冲突的引起或制止中，社会起到的作用是极其微弱的。反过来，社会倒是将性冲突吸收进了它的全部结构中。在家庭中习得的不满模式在社会这个更大的剧本中得到表演。社会是我们向作为观众的父母证明自己的地方，证明自己并不是我们所认为的他们眼中的我们。由于这一关系中所强调的并不是父母眼中的我们，而是我们所认为的父母眼中的我们，所以身为观众的他们，是超越他们的物理存在或者死亡的。而且出于同样的原因，他们也成了这样一种观众：我们永远不可能赢得他们的绝对赞誉。

用弗洛伊德的名言来概括，文明即不满，我们并不是在文明中变成了失败者，而是身为失败者的我们成为了文明人。这一挥之不去的失败感，其集体性后果便是文明被打上了不满的烙印。由于对于想象中的观众极度敏感，所以文明很容易被其他文明所冒犯，所激怒。即便是最强大的社会也会被最弱小的社会弄得难堪：阿富汗之于苏联，阿根廷之于英国，格林纳达之于美国。

这也就是为何真正的革命行为并不是儿子推翻老子——这只能加固现存的不满模式——而是天才对性的复原。所以，美国民众推动结束越战终获成功，与性态度的大范围修改同时发生，便也绝非偶然。然而文明聪明地将这些革命引向一场新的性政治——性的天才将这些斗争混淆为平权修正案中的一个段落，以及女性对国家公职的被选举权——借助着这些伎俩，文明迅速从威胁中恢复了元气。

社会由有限的性游戏所塑造，可以从另一个方面来理解：它的财产导向。性是唯一一个游戏，其获胜者的奖品为失败者。财产最想要成为的形式，便是得到公共确认的对另外一个人的所有权——被占有者对于这段关系当然必定是自愿同意的。除此之外，其他形式的奖品，哪怕在数量上再多，都不是那么吸引人。实际上，我的财产的真正价值并不取决于值多少钱，而在于它强有力地宣告了我是双方游戏中无可置疑的获胜者。

最严肃的斗争，就是争夺性财产的斗争。战火为此蔓延，生灵为此涂炭，大阴谋为此展开。然而，赢了帝国、财富和名声，若没有赢得爱情，他便输了一切。

59

因为有限的性（或曰遮蔽的性）是参与者都意欲获胜的这种或那种斗争，所以它指向各个瞬间、结果以及最后场景。和所有有限的游戏一样，它很大程度上通过欺骗来进行。性的欲望通常并不是直接表达的，而是隐藏在一系列声东击西、姿势、穿着风格和引人注目的行为中。诱惑是舞台化的、剧本化的，也是戏服化的。诱惑者寻求着某些回应，施展着一些手段。在经验老到的诱惑中，有着欲擒故纵，并且安排了别出心裁的环境布局。

诱惑旨在游戏最终完成。时间花费了，游戏结束了，剩下的只有回忆，对某些瞬间的回忆，也许再加上对它再次发生的憧憬。诱惑本身不能被重复。一个人一旦在某场有限的游戏中获胜或失利，游戏就不可能再玩一遍。瞬间一旦被拥有，就不可能再度被拥有。恋人们经常保存珍贵瞬间的信物，但是这些信物也提醒他们再也不可能原封不动地重建这些瞬间。在做爱中尝试新鲜——新体位、使用药物、特殊的环境、加入新的性伴侣——只是对新瞬间的一种追求，这些曾经的瞬间只能永远活在回忆中。

像所有有限的游戏一样，遮蔽的性游戏，其目标也是走向终点。

60

无限游戏的参与者就不一样，他们对于诱惑或者将某人的自由限制在自己的游戏边界中毫无兴趣。无限游戏的参与者在性的各个方面看到的就是选择二字。比如，他们可以在自己和其他人的身上看到婴儿对母亲的竞争，但他们同时也看到在性的各种模式中既没有生理上的命定，也没有社会的命定。选择与别人竞争的人，也能选择与他人游戏。

对无限游戏的参与者来说，性并不是一个有边界的现象，而是一个有视界的现象。因此，人们永远不能说无限游戏的某个参与者是同性恋、异性恋或者独身者、通奸者、忠贞者，因为这些标签都与边界有关，具有画地为牢的地界与风格。无限游戏的参与者并不在性的边界中游戏，相反他们与性的边界做着游戏。他们关心的不是权力，而是视域。

在他们的性游戏中，他们可以从别人那里受伤，允许别人做自己。通过受伤，他们开放他们自己。通过开放自己，他们既懂得了别人，也懂得了他们自己。因为懂得，所以成长。他们所懂得的，不仅关于性，也关于自己如何更加具体与更加原创，如何成为他们自己行动的天才，如何成为一个整体。

因此，从一个原创中心出发，无限游戏参与者的性，没有固定标准，没有理想方案，没有成功或失败的标志。在他们的游戏中，性高潮或怀孕并不是目标，虽然二者也许会是游戏的一部分。

61

在性的无限游戏中，并没有什么是隐而不宣的。性的欲望就表现为性的欲望，因此从来都不是板着面孔的。性欲的满足从来都不代表着完成，而是一段持续关系中的一幕而已，因此充满欣喜。缺乏性的满足也从不是一种失败，而只是有待将来的游戏来实现。

参与无限游戏的爱人们也许会组织一个家庭，也许不组织家庭。卢梭说，家庭是所有人类建制中唯一一个并非习俗性的，而是由人类天性所需要的。卢梭错了。没有一个家庭是因人类天性或其他必然性而组建起来的。家庭的建立，只能是出于个人选择。参与无限游戏的爱人们所组建的家庭，具有这一不同之处，即它不言而喻是出于选择。它是一项循序渐进的工作，是逐步的解蔽。做父母是二人自由选择的角色，但总是处心积虑显示出它们的剧本性。正是这样，家庭中父母之间的张力关系使他们的孩子清楚一件事情：他们所扮演的都是文化角色，而非社会角色，他们只是角色，在角色背后是真实而具体的人。因此，孩子们也懂得了建立一个家庭只能通过个人选择，只有通过两人的合作努力才能成为一个家庭。

62

无限的性并不将注意力集中在身体的某个地方。参与无限游戏的爱人们并没有所谓“私处”。他们并不将自己的身体视为有什么秘密区域，只能由特定的人看到或接触到。只向特定的人敞开的，是他们的个人，而非他们的身体。无限的性，其悖论性就在于将性视为个人的表达，而非身体的表达，因此它完全变成了具体化的游戏。它成为了一出关于触动的传奇。

有限的性的胜利，在于从游戏中解放，回归身体。无限的性的核心，在于与身体一起，解放为一种游戏。在有限的性中，我希望作为身体与你产生关联，而在无限的性中，我希望在你的身体里，与你产生关联。

参与无限游戏的恋人们遵从他人的性期待的方式不在于将隐藏之事物暴露，而在于将一件朴素的事实揭示在光天化日之下：性是自由个体的一种创造。在这一揭示中，他们成就为他们自身。他们用自己的局限——而非在自己的局限内——与他人相遇。通过这样做，他们希望被转化，并且得到了转化。

CHAPTER 4

第四章

发生在世界中的有限游戏

63

有限的游戏发生在世界之中。它必定在时间、空间和数量上是有限的，这一事实意味着，有某些东西与边界相对立。每个有限的游戏都有它的外部。除非某些东西受到了限制，除非存在着更广的空间、更长的时间、更多的可能参与者，否则所谓的有限无从谈起。

有限游戏的本身并不决定游戏的时间、地点和参加者。

有限游戏的规则会指定游戏自身的时间、空间和数量性质，比如它共持续60分钟，在长为100码（91.44米）的场地上进行，由两队进行比赛，每队11名队员。但是规则并不会，也不能决定具体的时间、地点和参加者。规则本身不会对职业队伍由哪些人组成、薪水是多少以及在全国冠军联赛的每个赛季季末加入队伍等做出具体要求。关于医师的行医，或者罗马教廷的主教工作的规则，并不指示具体哪些人会进入这些游戏中，当然会限定哪类人可以胜任，但永远不可能提到具体的名字。

世界提供了一个绝对的参照物，没有它，时间、空间和参加者都无从谈起。根据在游戏边界里发生了什么，游戏中发生的任何事情是相对可理解的，但是根据世界本身，这些事情就是绝对可理解的，因为游戏的边界存在于世界之中。

在约10个月的竞选之后，经过数千选民的投票，赢得了总统大选，这一事实是相对可理解的。在世界史中的公元1860年，当选为美国的第16届总统——美国以其明确的边界同世界的其他地方无可争议地相区别——这一事实是绝对可理解的。

在我们能将游戏放入世界的绝对维度内之前，我们无法准确理解到在某场竞争中获胜意味着什么。

64

世界以观众的形式存在着。观众由不参加比赛而观看比赛的人们所构成。

没有人可以决定观众会包括哪些人。没有哪股力量可以创造整个世界。世界有它自己的力量源泉。用黑格尔的话来说，就是“多个世界组成的世界”。不得不成为世界的，是无法全心全意成为世界的。

观众人数的多少是无关大局的。出现观众的时间和空间也是如此。对于观众或对于整个世界来说，一场有限游戏的时空边界必然是绝对的。但是世界在何时何地出现，以及这个世界包含了哪些人，则全无重要性。人们不会说“1963年11月22日[1]，我在这个世界上，身为观众”，而是会说“当我听说肯尼迪总统被枪杀的时候，我正在下车，脑子里想着做什么晚饭吃”。观众并不从有限游戏的参与者那里，而是从他们所旁观的事件那里得到观众身份。记住1963年11月22日下午稍早些时候的那些人，准确地记得他们在那一刻正在做什么，并不是因为那天是11月22日，而是因为在那一刻，他们成为了当天事件的观众。

如果说观众人数的多少是无关大局的，那么有关大局的，则是观众的组成。他们必须拧成一股绳地急欲亲眼见证谁是比赛的获胜者。谁的见证意愿不那么强烈，谁就不是这场比赛的观众，也就不是这个世界的存在个体。

---

1 1963年11月22日，美国总统约翰·肯尼迪在美国南部的得克萨斯州达拉斯市遇刺身亡。

有限的游戏必须拥有一批观看比赛的观众，而观众必须对比赛专心致志，这两个事实体现了有限游戏与世界之间的根本双向性。有限游戏的参与者需要世界为他们提供一个理解自己的绝对参照值。与此同时，世界需要有限游戏的剧本来保持自身之为世界。乔治·艾略特《丹尼尔·德容达》中邪恶的贵族葛兰克“不屑于对任何人的崇拜，哪怕给予一个没精打采的诅咒；但是这一毫不在意，与在意是一样的，需要与它相关的对象，即需要一个崇拜艳羡的观众世界：如果你喜欢冷冰冰地看着谄媚的人们，那么那些人首先必定要在那里，并且他们一定是在谄媚”。

我们是寻找着世界的游戏者，一如我们是寻找着游戏者的世界，有时候我们同时既是世界又是游戏者。一些世界迅速形成，迅速消失，一些世界存在很长时间，但是没有哪个世界是永远存在的。

65

世界的数量是不确定的。

66

游戏与世界的双向关系对于相关个体具有另一个更深远的影响。因为有限游戏的严肃性是由于参与者需要扭转他人对于自己的假想评价，参赛者已经是他们自己的观众了，所以观众并不需要当时亲自在场。正如在有限的性中，父母的缺席或去世，并不妨碍孩子们横下一条心证明父母是错误的。有限游戏的参与者在竞争过程中，也成为了他们自己的满腹敌意的观众。

如果不分裂出反对自己的另一个人，就不能成为有限游戏的参与者。

在观众中，也能找到类似的动力模式。当完全忘记自己的观众身份时，一场有限游戏的观众会如此沉浸其中，导致失去了他们与参赛者的距离感。获胜或失利的，既是参赛者们，也是旁观的他们。因此，观众陷入了与参赛者同样的不满情绪中，该不满情绪激发参赛者力证自己并不是别人眼中的那个样子，观众此时也与参赛者捆绑在一起，反对那些“不实”评价。

当我们提问观众在哪里可以找到他们同类的观众时，我们会发现观众天然就有阵营之分。冲突双方都拥有各自的拥趸。只要冲突发生在有边界的游戏过程中，观众就会联合起来——但是这个联合体是由敌对双方组成的。

如果不分裂出反对自己的另一方，就不能成为一个世界。

67

一场有限的游戏剧本式地发生在世界面前，也即发生在时间里。因为它有边界，有开始与结束，是发生在世界所建立起来的绝对时间界限中的，所以对有限游戏的参与者来说，时间在流逝，它被逐渐用完。时间是一个逐渐减少的数额。

有限的游戏并不拥有自身的时间，它存在于一个世界的固定时间里。观众只允许参与者用这些时间来赢得胜利头衔。

在游戏开始之初，时间看似很充裕，似乎有大把的自由为未来设计策略。在游戏接近结束时，时间走得飞快。随着各种选择变得有限，选择本身就变得越来越重要。一步不慎，满盘皆输。

我们将儿童和青年时期看做充满各种可能性的“生命时光”，因为那时看似有那么多康庄大道通往成功。但是，随着一年一年过去，每个决定是否在策略上正确的机会成本越来越高。弥补童年时期所犯的错误，要远比弥补成年时期所犯的错误来得容易。

对我们中的有限游戏参与者来说，自由是时间的一个变量。我们必须有时间，才能有自由。时间的流逝永远与那不流逝的——无时间性——相关联。胜利发生在时间里，但是所赢得的头衔本身则是无时间性的。头衔从不变老，也不消亡。所有有限历史的参照点都是信号般的胜利——这意味着永远不会被忘记：以色列的大卫王登上王位，救世主的生日，穆罕默德的麦地那之行，黑斯廷斯大战[2]，美国、法国、俄国和古巴的大革命。

被划分为各个时期的时间，是剧本式的时间。一个时代的开始与终结之间的时间流逝，犹如幕与幕之间的一个场景。它不是被人们生活的时间，而是被参赛者和观众同时审视的时间。时间的分期预设了一个存在于游戏边界外的旁观者，他能够同时看到开端与结尾。

有限游戏的结果，是等待着开始的过去。为某个结果而拼搏的参与者，都想要一个特有的过去。通过为未来的奖品而竞争，有限游戏的参与者争抢着一个得到奖励的过去。

---

2 1066年，诺曼底公爵威廉将英格兰收入囊中的关键性战役。

68

我们的无限游戏参与者不消费时间，而是产生时间。因为无限游戏是传奇化的，并没有剧本化的结尾，所以它的时间是被人们生活的时间，而非被审视的时间。

无限游戏的参与者既不年轻，也不年老，因为他并不生活在别人的时间里。因此，无限游戏参与者的时间是没有外在尺度的。对于无限游戏的参与者来说，时间并不流逝，时间的每一瞬间，都是一个开始。

每个瞬间都不是某段时期的开始，而是某个事件的开端，它给予时间以特定的性质。对于无限游戏的参与者来说，不存在一个小时的时间，只能有一个小时的爱，或者一天的悲伤，一个季节的学习，或者一个时期的劳动。

无限游戏的参与者开始工作，并不是为了将一段时间用工作来填充，而是为了将一段工作用时间来填满。工作不是无限游戏的参与者打发时间的方式，而是产生各种可能性的方式。工作并不是抵达一个被期望的现在，然后攫取它以对抗一个不可预知的未来，而是走向一个本身具有未来的未来。

不能说无限游戏的参与者在工作、爱情或争吵中完成了多少，只能说留下了多少未完成。他们关心的，并不是决定它何时结束，而是它产出了什么。

对有限游戏的参与者来说，自由是时间的一个变量，我们必须拥有时间，才能拥有自由。对无限游戏的参与者来说，时间是自由的一个变量，我们自由地拥有时间。有限游戏的参与者将游戏投入时间，无限游戏的参与者将时间投入游戏。

69

正如无限游戏的参与者能够玩各种有限的游戏，他们也能成为任何游戏的观众。然而，他们成为观众，同时也在观察游戏，并充分意识到他们的观众身份。他们在看，但是他们看到自己在看。

无限的游戏对于有限的观察者来说，是隐而不显的。这样的观看者寻找着一个结局，寻找着一些方式。参与者通过这些方式能够将游戏终结，完成所有未完成的。他们寻找着时间耗尽或即将耗尽的方式。有限游戏的参与者站在无限游戏的参与者面前，就像站在艺术面前一样，看着它，将它视为制成品。

然而，如果观察者在作品中看到了创造本身，他们就马上停止作为观察者。他们在作品的时间中找到了自己，意识到作品仍然未完成，意识到他们对于诗歌的阅读本身即是一种诗歌。于是，在艺术家天才的感染下，他们重新找回了自己的天才，成为开启者，开启在他们前面的各种可能性。

如果说有限游戏的目标在于为他们的无时间性赢得头衔，这样也为自己获得永恒的生命，那么无限游戏的核心在于悖论式地参与到此时中去，德国神秘主义神学家埃克哈特大师（Meister Eckhart）称之为“永恒的诞生”。

CHAPTER 5

第五章

自然是不能言说者的王国

70

自然是不能言说者的王国。它没有自己的声音，也没有什么要说的。我们将自然的这种不可说理解为它对人类文化彻底的“无动于衷”。

在我们中间的游戏大师几乎无法忍受这一无动于衷。实际上，我们将这一无动于衷作为一种挑衅、一种短兵相接和敌我斗争的邀请来回应。如果自然不给我们提供一个家园，什么都不给我们提供，我们将为自己清扫、安排出空间来。我们将自然视作为了人类文明而要去征服的对手。我们将技术的发展尊奉为现代社会的最高成就，因为它们使我们能够掌控自然的各种变化叵测的情况。

征服自然的方式，通常是一种将我们同自然的关系剧本化的方式。和所有游戏大师一样，我们耐心地密切关注这位对手的行为中极其细微的线索，以作为使自己武装起来对抗惊讶的方式。和猎人潜近猎物一样，我们学会了模仿自然的运行，在它们逃开之前，等待机会一举将它们擒获。“要命令自然，就必须服从自然。”（培根）就好像通过学习它的秘密剧本，我们也学会了导演它的这部大戏。大自然几乎没剩下什么可使我们惊讶的了。

有一个预设引导着我们与自然的斗争，即在自然的深处包含了一种结构、一种秩序，这种结构和秩序能最终为人类理智所理解。由于是这一内在的结构决定了万物的变化，而并非万物本身在变化，所以我们认为自然是有规律可循的，是根据可预测的理式在重复自身。通过显示自然事件根据已知法则而重复发生，我们就解释了大自然。解释是一种话语模式，通过它，我们说明了万事万物之所以然。解释中所运用的所有法则在时间上都是从结论向后看的，或者从一个序列的完成向后看。在所有解释性话语中，都隐含着这样一层意思：正如过去事件的结果中有着可被发现的必然，那么未来事件中也肯定有可被发现的必然。如果人们知道最初的事件，以及在事件发展过程中起作用的法则，那么可以被解释的事件也必定能够被预测。所谓预测，不过是提前的解释而已。

因为这一彻底的法则化，人自然并没有它自己的天才。恰恰相反，我们有时会认为，人类天才的最伟大发现，便是自然秩序的结构和心灵结构之间的完美契合，因而才有可能完全地理解自然。“人们会说，‘世界的永恒神秘，就在于它是可理解的’。”（爱因斯坦）

这相当于说，自然有自己的声音，这一声音无异于我们自己的声音。我们认为自己可以代不能言者发言。

这一成就经常被赞誉为现代文明之所以优越于许多衰落或消亡的古代文明的一大标志。我们在偶发事件与概率事件的外衣下找到了重复的模式，而不那么成功的文明为应对自然偶发事件的威胁，转向祈求超自然神灵的保护。结果发现，来自所谓神灵们的声音既愚昧又错误，它们在真理面前鸦雀无声了。

71

在我们使诸神沉默的时候，一个反讽产生了。通过认为能代不能言者发言，将自己的声音听为自然的声音，我们已经不得不跨出自然的圈子。对物理学家和化学家来说，谈论自然是一回事，成为自然的传声筒则是另一回事。没有化学家会想说，化学本身是化学的，因为我们所说的不可能既是化学的，又是关于化学的。如果谈论某一过程本身是过程的一部分，那么对于说话者而言，一定有某些东西是永远隐秘的。为了理解万物，我们必须宣布自己走出了大自然的过程，没有任何东西干扰我们对这些事物的视线，“不带任何感情地”“客观地”评论它。这里便有反讽：通过我们这一绝对合情合理的宣称，诸神已经偷偷回到我们与自然的斗争中。通过我们褫夺诸神的声音，诸神取代了我们的声音。正是我们，以超自然智慧生灵、大自然主人的身份在夸夸其谈。

但凡我们继续蒙上眼睛视而不见那最平实的真相——自然不允许有任何主人凌驾于其之上，这一反讽就不会被我们注意到。上面提到的培根原则以两种方式发生作用。如果说要命令自然就必须服从自然，那么我们的命令就仅仅是服从，而完全不是命令。天底下不存在非自然的行动。我们不能做与自然对抗之事，跑出自然之外就更是异想天开。因此，我们认为能够通过对自然的客观观察所避免的愚昧无知，又杀了个回马枪，将我们挑翻在地。我们原以为在自然中所读到的，其实是我们强加给自然的解读。“必须记住，我们所观察到的并不是自然本身，而是自然在

我们的提问下向我们显现出的面貌。”（海森伯格[1]）

72

我们现在所谈论的，并不是普通的无知。它不是我们本该知道而暂时未知的，它本身即是不可知，是人类心灵永远不可理解之物。

我们所有的视线都有着不可逾越的界限，意识到这一点，我们便回归到自然的完美沉默中。现在，我们能明白，这是一种如此彻底的沉默，彻底到甚至无法知道它是关于什么的沉默——如果它确实是关于某些事物的沉默的话。从这一沉默中，我们知晓了自然与我们所想或所说的自然之间的不相似性。但是，这一沉默有它自身的反讽：它远没有让我们晕头转向，而是给我们心灵自身的原创性提供了不可或缺的条件。通过呈上根本的相异性，自然成为了隐喻之源。

隐喻是将相同的与相异的事物绞合在一起，在这种绞合中，

---

1 德国物理学家，1932年获诺贝尔物理学奖。

一物永远不可能变为另一物。隐喻需要一种不可化约性，一种对双方形容词的冷静的无动于衷。猎隼之所以被比喻成“昼光之国的储君”[2]，只因为昼光没有储君，实际上也不可能与储君有任何关系。

语言在根源处具有隐喻的特质，因为无论它意图成为什么，它都只是语言，并与它所讲述的事物绝对相异。这意味着，我们能拥有的永远不可能是猎隼本身，只能是“猎隼”一词。说我们拥有猎隼，而不是“猎隼”一词，就是再度认定，我们确切地知道我们拥有的是什么，我们能够看到它的全部，并且能够代自然本身发言。

自然的不可言说性，正是语言的可能性所在。

我们力求控制自然，想在与自然的对抗中成为大师，便是试图挣脱语言。这是拒绝将自然接受为“自然”。这是使我们耳聋到听不到隐喻，使自然如此熟悉地变为我们所欲和所言说的外延。猎人杀死的不是鹿，而是鹿的隐喻——“鹿”。杀死鹿并不是对抗自然的行为，只是对抗语言的行为。杀戮是将沉默强加于沉默者。它是将不可预知的生命活力简化为可预知的无生命物

---

2 此比喻出自19世纪英国诗人霍普金斯的诗《振风隼》。

质，是将遥远之物转化为熟悉之物。它等于将我们加入他们的需要彻底剥去。

在个人的界限之内观察对象的物理学家只能教物理，而那些看到他给对象所设界限的人能教“物理学”，对这些人来说，物理是一种创造。

73

如果说自然是不能言说者的王国，那么历史则是可以言说者的王国。实际上，只有自身历史化的言说，才是可能的。研究历史的人，像研究大自然的人一样，经常相信自己能够找到对历史事件不偏不倚的观点。他们观察别人的生活，注意到别人的各色生活都受到其时代所限。但是如果不能先跳出这个时代往外看，人们是无法考察这个时代的，即便这是他们所身处的时代。对于这样的考察者而言，历史之外并无“避难所”，正如自然之外不存在有利的“考察地形”。

历史是天才的传奇，它一波又一波的惊奇使得我们不断为它设置边界，试图通过它寻找重复模式。历史学家有时候会说历史潮流、历史循环、历史的力量，就好像他们正在描述自然事件。他们通过这么做，将自身去历史化，从那无时间处取得视角，相信每一个被观察的历史总是其他人的历史，而非他们自己的历史，相信每个观察都是对历史的观察，而不认为观察本身就是历史化的。

因此，天才的历史学家将观察自然者的预设——观察自身不可能是自然的一部分——倒转过来。将自己理解为历史人的历史学家放弃了解释，转向对自我意识到的历史的最恰当话语模式——叙事。

和解释一样，叙事也关涉一系列前后相继的事件，并给出结局，不过，并不存在使这一结局必然化的普遍历史法则。在真实的故事中，并不存在使任何行动必然化的历史法则。解释将所有明显的可能性都置入一个必然性的语境中，故事将所有的必然性都置入一个可能性的语境中。

解释能够忍受一定程度的概率，但是它完全不能领悟何谓自由。当我们说，人们做了某件事情是因为他们选择的结果，这等于什么都没解释。而另一方面，因果关系在叙事中也找不到自己的位置。当我们说，人们做了某件事情是有原因的——因为他们的基因、社会环境或者神的影响，那我们就不是在讲故事。

解释解决问题，告诉我们事物如此结束有其不得不然之处；叙事则提出问题，告诉我们事物如此结束就是其本然，并非因为其不得不然。解释将进一步探询的需要束之高阁；叙事则邀请我们反思自己认为已知的事物。

如果说，大自然的沉默是语言的可能性所在，那么语言就是历史的可能性所在。

74

成功的解释不会让人注意到它们是一种言说模式，因为被解释之物自身并不随历史变化而变化。如果我向你解释为什么冷水会沉到池塘底部，而冰会浮在水面上，我当然不会希望自己的解释只是现在为真，将来不一定为真。解释在任何时间地点都为真。

然而，在此时此地，我选择将这个答案解释给你听——这是历史化的。这是一个事件，是关于我们相互关系的一种叙事。因此，对这一真实性的言说，必须是理性的。理由不可能是胡乱拼凑的，比如冰是碰巧浮在水面上。如果我不能使你注意到你的知识结构中的不足——对象之间关系的不连续性，或者说根据你所知的法则你无法解释的反常现象——那我就什么都没向你解释。除非你开始怀疑自己的错误，否则你是听不见我的解释的。

当然这些怀疑中的许多仅仅是对某人观念的微小调整，不会使人对自己的观念本身起疑心。然而，重大的挑战却因为太严重，使人无法透过争论或尖锐的解释与它相遇。其结果要么是全盘无视它，要么是完全改宗接受它。人们不会仅仅通过观念的微调，便从摩尼教皈依基督教，或者从拉马克主义转向达尔文主义。真正的改宗，在于新观众或曰新世界的选择。曾经那么熟悉的一切，如今以一种令人惊愕的新方式被理解。

正如改宗是剧本性的一样，改宗在从一个世界转换到另一个世界的选择过程中，是隐而不宣的。特别是根本性的改宗，它很好地将自己伪装起来，显得与任意性无关。古代最有名的改宗者奥古斯丁对自己曾经强烈怀抱如此众多错误观念而惊愕不已，却不为竟然有那么多不同的真理而感到吃惊。他的改宗并不是从解释转换到叙事，而是从一种解释转为另一种解释。当从异教转化为天主教，他抵达了真理之域，这片土地是不受到进一步挑战的。

只有让那些抗拒的听者意识到自己的讹误，解释才算成功了。除非你对自己的真理性产生了怀疑，否则你不会听我的解释，也只有你确定自己错了，才会接受我的解释。解释是一个对抗性的相遇，战胜对手才能成功。我们在其他的有限游戏中发现的不满的动力模式，也同样能在解释中找到。因为我需要证明自己并非像别人所认为我的那样身处谬误中，所以我向你施加我自己的解释。

这场斗争中的获胜者通过宣称拥有真正的知识而得到优势地位。知识被获取了，它是这一“交战”的战果。获胜者拥有无与争锋的权力来对事实进行陈述，他们得到了倾听。在这些比赛已经结束的领域，获胜者拥有了不再被挑战的知识。

因此，知识就像财产。它必须被出版、宣布，或者以启发的方式显现，使其他人不得不对它予以重视。它必须挡在别人的路上，它必须是标志性的，回指着占有知识者的竞争技能。

知识与财产是如此相近，导致人们经常以为二者是连续性的。那些具有知识者认为自己也应该被授予财产，那些拥有财产者相信某些知识随财富而来。学者为他们的出版成就要求更高的薪水，工业家则端坐于大学理事会中。

75

如果说，解释要成功就必须忘却自然的沉默，那么成功的解释，也必须将沉默强加在其听者身上。强加给别人的沉默是游戏大师采撷到的第一个胜利果实。

人们在某个头衔里赢取的，是权威性的言论特权。权威性的言论特权是所有头衔能拥有的最高荣誉。我们期待获胜者获胜后的第一个动作就是一番感言。失败者的第一个动作也会是一番感言，但这番感言是承认对方获胜的感言，宣布获胜者不会遇到进一步的挑战，这番感言承诺了失败者的沉默。

失败者所宣誓的自我沉默是服从的沉默。失败者无话可说，也没有肯听他们说话的观众。他们与胜利者合为一体，合为同一心灵。他们完全无法再对抗，因此也没有任何他者性。

胜利者不同失败者对话，他们代表失败者发言。在有限的婚姻中，丈夫代表妻子发言，父母代表孩子发言，国王代表王国发言，州长代表州政府发言，教皇代表教会发言。实际上，头衔，因为身为头衔，它不与任何人对话。

正是在权威性的言论中，胜利者的力量在那里熠熠闪光。所谓有权力，就是使自己的话得到服从。只有通过权威性的言论，胜利者的标志性财产才得到保卫。拥有财富者拥有特权，这一特权可唤来警察或军队以保卫对他们标志的认可。

诸神的力量主要是通过他们所说的话而为人所知晓的。神永远是仪式性沉默的一个信号。神的言语可以如此充分地表现神的力量，以至于神与其言语几乎就为同一："太初有言，言与神同在，言就是神。"（《约翰福音》）

人们在神面前是无语的，在胜利者面前是沉默的，因为他们所要说的，对别人而言不再有任何重要性。所谓输掉竞赛，就是变得服从，而变得服从，就是失掉自己的聆听者。服从的沉默，是一种不被听见的沉默，它是死亡的沉默。因此，要求服从，在本质上是恶的。

自然的沉默是语言的可能性之所在。通过征服自然，诸神给出它们自己的声音，但是在将自然变成敌手的同时，它们使自己的聆听者都变成了敌手。通过拒绝自然的沉默，它们要求服从的沉默。因此，自然的不可言说性转化成了语言自身的不可言说性。

76

无限的言说是一种永远在提醒着我们自然的不可言说性的话语模式。它并不宣称真理在握，它全然生发自言说者的天才。因此，无限的言说并不是关于任何事物的，它总是面向某人的言说。它不是命令，而是致辞。它完全属于那可言说者。

语言并不是关于任何事物的，这给了语言一种隐喻地位。隐喻所指的不是存在于天地间的某物，我们永远不会在任何地方找到昼光之国的储君。隐喻的作用不是将我们的目光指向已经在那里的事物，而是将我们的视域转向不在那里的事物，以及实际上不可能在任何地方的事物。隐喻是视界化的，它提醒着我们：有边界的是我们的视域，而非我们所看的对象。

有限言说者的话语，其意义在于它发声之前就在那里的事物——它们已经在那里，因此无论它是否被言说，它都在那里。

无限的话语完全存在于它被言说之前。首先是有一种语言，然后我们学会说它。无限的话语只存在于当它被说的时候。正是在这个意义上，无限的话语永远生发自彻底的沉默。

有限的言说者用他们训练过和排练过的声音来进行言说，他们在说之前，必须知道他们在用语言说什么。无限的言说者在能够知道他们说了些什么之前，必须先等着看一看聆听者对他们所说的话的反应。无限的言说不希望聆听者单向接受言说者的已知事物，而是希望与聆听者分享一个视域——若没有聆听者的反馈，不可能有这一视域。

言说者和聆听者相互理解，并不是因为他们对某事物有相同的认识，也不是因为他们早已建立起相似的心灵，而是因为他们知道与彼此“如何继续”。(维特根斯坦)

77

因为无限的言说是一种致辞，永远照顾到被致辞者的反应，所以它具有聆听的形式。无限的言说并不终结于聆听者的顺从沉默，而是通过言说者的参与式沉默而得到继续。参与式沉默不是一种言说已死的沉默，而是一种言说得以诞生的沉默。

无限的言说者并不将声音给予别人，而是接受别人的声音。因此，无限的言说者并没有“宏图大志”将整个世界都变为观众，而是通过与他人交谈，将自己呈现为观众的一员。有限的言说将世界是什么样子的告诉给聆听着的他人，正是由于这个原因，神，作为这个世界之主，权威地在这个世界面前言说，却也因此无法改变这个世界。这样的神，不可能创造一个世界，只能是世界的产物——被崇拜的偶像。神不能创造一个世界，并在这个世界中成为权威式的存在。“将神表现为无时无刻都具有命令力量的宗教似乎都是虚假的宗教。即便它们是一神教，也只是偶像崇拜而已。”（西蒙娜 · 薇依[3]）

神只有通过聆听，才能创造一个世界。

若神要向我们致辞，就不会通过它们的言语来让我们沉默，而是通过它们的沉默，来让我们言说。

有限言说的矛盾之处在于，它必须通过被聆听而终结；无限言说的悖论之处在于，只因为它是一种聆听，所以它得到了继续。有限言说随着结束时的沉默而终结；无限言说随着沉默地揭开而开始。

78

讲故事的人并不使听故事的人改宗，他们不将听故事的人带

3 20世纪法国哲学家、社会活动家、宗教思想家。

入更高的真理之域。通过将真理和谬误一起忽略，他们仅仅提供视域。因此，讲故事不是一种斗争，它既不会成功，也不会失败。故事是不能够被遵从的。讲故事的人不是用一种知识来对抗另一种知识，而是邀请我们从知识回到思考，从“看”这一有限方式回到“看见”这一视界性的方式。

无限的言说者是柏拉图所说的创造者，将他们自己放置在历史之中。讲故事的人进入历史，并不是因为他们的故事充满真人轶事，或者他们作为角色之一出现在所讲述的故事里，而是因为在他们的讲述中，我们开始看到我们生命的叙事特征。他们所讲述的故事触动了我们。我们的所思所想是各种经验的偶然集合，它突然拥有了无结局叙事的传奇般的形状。

没有结构，或没有情节，就没有叙事。在一个伟大的故事中，结构有可能是命运，是对毫不知情的主人公的不可逃离的降罪，是聚集起所有选择空间的形而上学式的大因果关系。命运的出现并不是对我们自由的限制，而是对我们自由的一种展现，它见证了自由选择的后果。你行使你的自由，不会阻碍我行使我的自由，但却决定了我自由行动的环境。你不能代我做出选择，但你大致上能决定我的选择是关于哪方面的。伟大的故事便是探索了关于这一深层触动的传奇性，即关于一个自由人是如何受到他者的这一深层触动的传奇性。因此，它们真真正正是性的传奇，一次又一次地用生命起源的魔力使我们目瞪口呆。

俄狄浦斯神话是西方文化宝藏中最伟大的性叙事之一，呈现了命运和生命起源之间的传奇性关系。俄狄浦斯冲动地杀死拉伊奥斯，却不知道他正是自己的亲生父亲。在野心和欲望的驱使下，他与父亲拉伊奥斯的妻子结为夫妇，却未能意识到对方就是自己的亲生母亲。我们能将这个故事解读为命运，或者解读为一种有意行为，其前一步引起下一步的连锁反应。俄狄浦斯采取游戏大师的姿态，走出了终结性的几步——但是那几步并不是终结性的。俄狄浦斯并不能将任何事情推向终结，甚至刺瞎自己的行为——意味着某种结束式的姿态——也只是将他带往更高一层的视域。俄狄浦斯所看到的，并不是诸神对他做了些什么，而是他自己做了些什么。他知道了受到限制的是他的视域，而非他所审视的对象。他的目盲是一种解蔽，并且像所有的解蔽一样，它是一种自我解蔽。俄狄浦斯最后遇见的别无他物，只是他自己的天才，他最后终于能够去触动。他故事的结局就是一个开端。

将这个故事抬高到历史中的，并不仅仅在于俄狄浦斯所看到的，也在于我们看到了他所看到的。我们成为了知道自己在聆听的聆听者，因此参与了有关生命起源的一部传奇——这部传奇现在得到了更大的扩展。这里并没有解释任何事情。恰恰相反，我们所看到的是仍然有待讲述的万事万物。

79

因为我们知道自己的生活具有叙事的特征，所以我们也知道那叙事是什么——做出这样的认定是有一定风险的。如果我要知道自己生命的全部故事，我就必定已经将它译为一种解释。就好像我能成为自己的旁观者，同时看见自己生命的第一幕与最后一幕，好像我能看穿自己生命的全部。如果这样的话，我就不是在生活，而是在表演生活。

社会理论家极易相信他们知晓一个文明的全部故事。他们能够为这个文明胜利或失败的最后一幕写出剧本。正是这一“历史终结”的思维方式，使他们发现的人们所遵循的行为法则成为了剧本化的行为法则——人们必须遵守。

真正的讲故事的人不知道他们自己的故事。他们在自己的创造中所听到的是一种揭示，揭示了在所有结局之处都有可能存在着新的开端，也揭示了他们并不在结尾处消亡，而始终处于游戏之中。他们也并不知道任何其他人的故事全貌。历史学家的主要工作是开启所有的文化终点，揭示出我们原本以为已结束的其实还在继续，并提醒我们，任何人和文化都不能理解为制成品，只能作为一种创造而被学习。

当历史学家看到开始于自由的，不可能终结于必然，他便成为了无限的言说者。

CHAPTER 6

第六章

我们出于社会原因而控制自然

80

我们出于社会原因而控制自然。对自然的控制随着我们预测自然过程结果之能力的提高而提高。因为各种预测是相互抵牾的解释，所以身为解释，它们之间有可能会相互争斗。实际上，预测是游戏大师最高超的技能，因为若没有预测，对敌手的控制会难上加难。随之而来的便是：我们对自然的支配，并不是为了实现某些自然结果，而是要得到某些社会结果。

一小群物理学家使用最高级的已知抽象计算方法，发现了亚原子反应的可预测序列，而这直接导致了高热原子核反应炸弹的制造。诚然，核弹的成功爆炸证明了物理学家的预测，但是我们引爆核弹并不单是为了证明预测的正确。我们引爆它，是为了控制百万人民的行为，并确定我们与他们之间的关系。

这个例子显示的，并不是我们可以将力量施加于自然，而是我们试图掩饰我们彼此间争夺权力的欲望。这便提出一个问题，即在我们对自然的态度中，若放弃权力策略会带来什么样的文化后果。

对自然的不同态度大致可以概括为这样两种：将自然看成充满敌意的他者，它的基本目的在于同我们的利益为敌，我们得到的结果便是“机器”；而学会规范我们自己，以适应自然秩序最深的可辨模式，我们得到的结果便是“花园”。

我们这里所说的“机器”指的是技术的无所不包性，而并非实际的技术，它是使人注意到技术机器理性的一种方式。我们可能会为来自于天才发明家或工程师充满想象的技术发明而感到惊奇万分，但是技术本身并无让人惊奇之处。物理学家的核弹，和穴居人的杠杆一样，完全是机械性的，都是可计算的因果序列的运用。

“花园”并不是指房屋旁边或城市边上的一小块有边界的土地。它不是人们生活在旁边的花园，而是人们生活于其中的花园。它是一片生长之地，具有最大化的自生力。打理花园，并不是加入一种嗜好或娱乐，而是去设计一种文化。在这种文化中，我们能够调整自己以适应自然中可能的最大范围的惊奇。园丁对于自然秩序的深层模式是高度留意的，但也意识到永远有大量事物尚处于他们的视域之外。打理花园，是一项视界性的活动。

机器和花园并不是绝对相互对立的。机器可以存在于花园中，正如有限游戏可以存在于无限游戏中一样。问题并不在于要将机器排除在花园之外，而是要问机器是否服务于花园的目的，或者花园是否是机器的目的。我们很熟悉一种机器化的花园，看上去似乎果实累累，但走近再看，会发现这里并不鼓励自然的自发生长，而是对自然的开发利用。

81

机器与花园之间最根本的区别在于机器是由外力驱动的，而花园是自然生长的，其能量来自于它自身。

当然，人类已经建造了极为复杂的机器，比如航天飞机，它能在真空中连续运转数月，以高度精确性完成复杂任务。但是这些机器不具有内在自发的动力源，永动机这样的机器不可能被造出来。机器必须被设计、被建造、被驱动。

当然，人们能够运用各种化学和技术策略来打理花园，所以我们能说“种”食物，并把种出来的食物叫做“产品”。但是我们找不到任何办法使有机的生长无中生有。肥料、除草剂等的施加，都不是对生长的改变，而是对生长的促进，以此来适应自然的生长。植物是不能被设计或创建出来的，虽然我们似乎已给予它“燃料”——肥沃的泥土和适当的养料，但对“燃料”的利用还是有赖于植物自身的生命力。机器既依靠它的设计者，也依靠操作者来提供燃料和应对消耗。机器丝毫没有任何自发性或者生命力的痕迹。生命力不能被给予，只能被发现。

82

自然至大无外，也至小无内。自然是无法被分割的，因此不能被用来反对自身。大自然中的生物和非生物之间并不存在固有对立，也不存在哪一方更自然些。比如，农药的使用会杀死某些生物，阻碍生命体的自发生长，但播洒农药并不是一种非自然的行为。自然并没有被改变，所变化的只是我们调整自己以适应自然秩序的方式。

我们与自然有关的自由，并不是改变自然的自由。这种自由并不握有对自然现象生杀予夺的大权。它是改变我们自己的自由。我们完全可以自由设计一种文化，这种文化意识到生命力是不能被给予，而只能被发现的，也意识到自然界中固有的自发生长模式不仅应被尊敬，而且还要被歌颂。

虽然“自然秩序”是一种通用表述，但是它掩盖了一些东西。更准确地说，我们发现自己不是与自然秩序，而是与自然不可化约的自发性在进行着斗争。自然至大无外，至小无内，在自身之内并无对立，它也不受非自然的影响——这些都并非秩序的表达，因为它对所有与文化有关的事物保持绝对的无动于衷。

自然运动的源头永远来自它自身，实际上这一源头即是自然自身。这便与我们自己运动的源头迥异。这并不是说，自然因为不遵循秩序，因此是混乱的。自然既不混乱，也不井井有条。混乱和秩序描述了我们对自然的文化体验。从程度上来看，自然无动于衷式的自动性似乎与文化上的自我控制颇为合辙。一场飓风、一场瘟疫，或地球的人口过剩，既摧毁了一些人的文化期待，也遵从了另外一些人的预期。在前者看来，自然是混乱的，而在后者看来，自然则是有序的。

83

我们与自然的关系中存在着一个悖论之处：一种文化越是深沉地尊敬大自然的无动于衷，就越能创造性地呼唤出它自己的自发性以作为回应。我们越是清晰地提醒自己，我们对于自然不可能有任何非自然的影响，我们的文化就会越饱含自由地拥抱惊奇与不可预知性。

人类的自由并不是凌驾于自然之上的自然，它是成为自然的一种自由，也即以我们自己的自发性来与自然的自发性相应答。虽然我们能够自由地成为自然，但我们并不是通过自然变得自由，而是通过文化和历史。

我们与自然的关系中存在着一个矛盾：我们越是勇猛精进地推进自然与我们自己计划的一致，我们就越是受制于它的无动于衷，面对它不可见的力量就越是脆弱。我们对于自然过程施加越多的强力，我们在它面前就变得越无力。在几个月里，我们就能砍倒一整片数万年才长成的雨林，但是，面对这片土地接下来发生的沙漠化，我们却无能为力。当然，沙漠是自然的，丝毫不逊色于森林是自然的。

84

这一矛盾在机器的问题上最为明显。我们使用机器来增强自己的力量，以实现对自然现象的控制。只需动动手指操作机器，一队工人就能在崇山峻岭和茂密的森林里开出六车道的高速公路，或者将湿地抽干，建起购物中心。

机器在这样的任务中极大地辅助了操作者，但它也制约了操作者。正如机器可以被认为是工人延长了的手和腿，工人也可以被认为是机器的延伸。所有的机器，特别是非常复杂的机器，都需要操作者将自身置于被提供的特定地点，机械性地工作以适应机器的功能。人为了控制而使用机器，却被机器所控制。

要操作一台机器，人们必须像机器一样地去运作。使用一台机器来做我们不能做的事情，我们却发现自己必须做机器所做的事情。

当然，在我们操作机器的时候，机器并不能将我们变为机器。而是我们为了操作机器，将自身变成了机器。机器并不将自发性从我们身上偷走，而是我们自己将自发性丢在一边，否认了自己的原创性。操作机器并不涉及什么个人风格。机器越是有效率，就越是将我们的独一无二性限制或吸收在对它的操作中。

实际上，我们会认为操作的风格根本不属于操作者，而是内在于机器本身。广告人或者制造商在谈及他们的产品时，好像是他们设计出风格并将其注入产品中。绝大多数消费品都是“风格化的”，因为它们实际上将消费者的行为或品味标准化了。在一个绝妙的矛盾中，我们被驱使着购买一件“风格化的”人工制品，是因为其他人也在买它，也即，我们被要求通过放弃自己的天才来表达自己的天才。

我们抱着机器能提高我们自由范围的信仰去使用机器，结果却只是减少了自由，在这个意义上，我们使用机器来反对我们自己。

85

机器以另一种方式自相矛盾。正如我们使用机器来反对我们自己，我们也使用机器来反对它自身。机器并不是某种做事的途径，它横亘于做事的途径之中。

如果我们通过使用机器来实现自己的目标，那么就要等到我们使用完机器之后，等到我们脱离机器方式时，我们的目标才算实现。因此，技术的目的在于消除它自身、成为沉默的、不可见的，无须负责的。

我们购买一辆汽车并不仅仅是想拥有一台机器，实际上，我们购买的根本就不是机器本身，而是通过汽车我们所能拥有的事物：快速将我们从一地带往另一地的方式，成为他人艳羡的对象，免于天气的干扰等。同样的，一台收音机必须停止作为设备的存在，而成为声音，一台完美的收音机不会将任何注意力集中在它自身，却会让我们仿佛身处于它的声源中。我们既非观看一块电影荧幕，也非看电视机，我们所观看的是出现在电视机里或电影荧幕上的影像，而当设备闯入我们的视线时——电影失焦或者显像管出问题——我们还会不胜其烦。

当机器运作良好时，它就不在那里了，但我们也同样不在。收音机和电影使我们能够去往我们神游之地，离开我们身处之地。而且，机器就是遮蔽，它将我们的无所作为隐藏在看似具有惊人效率的行动之中。我们说服自己：舒舒服服坐在汽车里，免于任何恶劣天气变化，只要将我们的脚抬高一到两英尺，我们就可以到某处旅行。

这种旅行并不是我们在陌生空间中的旅行，而是在属于我们的空间中的来去。我们不曾离开启程点，而是带着我们的启程点离开。从我们的起居室离开，坐上一辆汽车去往机场候机厅——装着软垫的汽车座位迥异于房间里的座位，候机厅里的座位则让我们找到家的感觉——这整个过程等于将我们的根源随身携带，相当于不离家的离家。在任何地方都如同家那样熟悉，就等于将空间消解了。

因此，在旅行中减少时间的重要性在于：通过尽可能的快，我们仿佛根本不觉得自己离开过，空间和时间都不能影响我们，好像时空是属于我们的，而非我们属于时空。

我们并不是在汽车里去往某地，而是在汽车里抵达某地。汽车并非使旅行变得可能，而是使我们在不必跋涉的情况下却能够移动自己的位置。

因此机器便有了剧本性：这样的移动不过是场景的变换而已。机器若运行有效，它会使我们不为其他旅行者、我们所经过的城镇或生命所触动。我们能看到但不被看到，能移动但不被触动。

最有效的通讯技术可以使我们将别人的历史和经历带到自己家里，却并不改变家本身。最有效的旅行技术可以使我们随身携带“家的舒适”，穿行于其他人的历史之中，却不改变那些历史。

最有效的机器，可以完全“无形无痕地”有效。

86

机器还以一种方式自相矛盾。除了使用它来反对它自身以及我们自身，人类还使用机器来相互对抗。

没有别人的话，我不可能单独使用机器。我并不是对着电话机说话，我是用电话与某人说话。我用收音机听电台播音员说话，开车去见一位朋友，用电脑处理业务。从一定程度上说，我与你的联系有赖于这些机器，这些沟通的媒介使我们双方成为它的延伸。如果你的业务活动不能转换为我的计算机能辨识的数据，我就无法和你做成生意。如果你不是住在我能开车见到你的地方，我就会去找另外的朋友。在这些情形下，你我之间的关系并不依赖于我的需要，而是依赖于我的机器的需要。

如果说操作一台机器就是像机器那样地进行操作，那么我们不仅和对方一起像机器般操作机器，而且像机器般操作对方。如果机器以令人浑然不觉的最有效的状态运作，我们以实现所欲结果的方式来操作对方，即什么事情都没有发生的方式。

以机器为媒介的关系，其内在的敌对性最清楚地体现在对战争武器这一最具剧本性机器的使用上。所有武器的设计理念都是在不伤害自己的情况下伤害他人，使他人能对我们控制下的技术做出回应。武器是有限游戏的装备，它不是为了将游戏扩大化，而是为了消灭游戏。武器不是为了赢得争斗，而是为了结束争斗。杀人的武器并非胜利者，它们是不敌对的竞争者、没有比赛的参赛者、活生生的自我矛盾。

本世纪的空中机载电子武器是最为突出的例子，操作员处理的只是操作技术——按钮、灯、雷达可视信号、仪表盘、操作杆、计算机数据——而不是不可见的敌人。事实上，现代的屠杀机器是如此缺乏传奇性，它意图在敌人还不可见的情况下攻击敌人。我们的敌人并非因为是敌人所以不可见，而是因为他们不可见，他们便是敌人。在这一信念中，它达到了一种极端形式。

在导致我们杀戮那不可见者的这个死亡手段中有一个逻辑：因为他们不可见。暴徒之所以冷酷地举起矛或剑，是因为另一个人的独立存在是不能被允许的——因为他人不能被视为另一个人。正如我坚持认为我们拥有友谊的条件在于你不抗拒用电话，我也会期待自己手中的武器在未找到抵抗它的他者时就发挥作用。杀手们丝毫不能忍受这样的说法：他们向着敞开的一切而生活，他们的历史不会终结，他们的自由永远是与他人的自由，而非凌驾丁人的白由，以及受限制的并不是他们的视域而是他们正在审视的。

远距离的大屠杀技术变得极端复杂，但这一事实却并未从文化上将其高度训练过的操作员提升至挥动棍棒的原始人之上。它使我们的目盲之处更为彻底，而这些盲点即是原始人身体里的残忍。它是不满对于视域的极大胜利，我们没有看到自己正在杀戮不可见者。

并非每个使用机器的人都是杀人者。但是对机器的使用起源于我们以自己对自然界的冷漠来回应自然界的冷漠，就这样，我们也开始对人们冷漠，而这一冷漠态度导致了人类中文明程度最高的民族在20世纪所犯下的滔天大罪。

87

如果说人对自然的冷漠导致了机器的产生，那么自然本身的冷漠则产生了花园。所有的文化都有其花园形式：通过以他人自身的方式对其自发性的鼓励，对本源的尊敬，以及拒绝将本源转变成资源。

园丁不屠杀动物，他们不杀生。水果、种子、蔬菜、坚果、谷物、青草、根蒂、香草、浆果——当它们长成熟时，都被收获在一起，促进了花园生命力的增强及延续。收割行为尊重本源，使本源免于被利用，使其成为本来之所是。

动物不能被收割。它们长大，但并不“长熟”。它们被屠宰，并不是在它们完成了其生命周期之后，而是在其生命的顶峰时。有限的园丁将农业转变为商业：通过机器生产动物（或者说肉产品）。畜牧业是一门科学，一种控制生长的方法，它设定的前提是动物属于我们人类。它们的本源成为了我们的资源。牲畜被限制在围栏里，以免运动使“它们的肉”变紧。鹅的脚被钉在地上，被强迫像机器一样进食，直到它们被屠宰取出长肥了的鹅肝。

机器是要在不改变操作者的情况下进行改变式的工作，而花园则改变它的劳动者。人们学习如何驾驶车辆，人们学会像车一样驾驶，但是人们变成一名园丁却不是这样。

花园不是结果导向的。一次成功的收割并不是花园存在的终结，而是它的一个阶段。所有园丁都知道，花园的生命力并不随着一次收割而结束，它只是呈现出另外一幅面貌。花园在冬天并不是“死去”，而是静静地等待下一个季节。

园丁们歌颂多样化、与众不同以及自发性。他们知道，风格的丰富多彩是有利于生命力焕发的。比如，土壤的有机物越复杂——即变化的来源越多——它就越丰饶。生长促进生长。

文化也是一样。无限游戏的参与者明白，一种文化的活力是与其来源的多样性、其内部的各种差异直接相关的。一个人身上的特异性与惊奇性并不会对另外一个人产生压制。你身上的天才会激发我身上的天才。

当人们有效地操作一台机器，它便消失了，给结果让路。当人们创造性地打理花园，在收获时节，花园的生命力之源便济济一堂，并且能够周而复始，我们都能共襄盛举。

88

因为花园不因一次收获而结束，也并不为某一确定结果而存在，所以身在花园中的人们并不抵达任何地方。

在花园里，可以找到生长。它有自身的变化源头。人们并不是将变化带入花园中，而是来到花园里等待变化，也因此准备变化。仅通过生长而对待生长，这是可以做到的。真正的父母不会执念于让自己的孩子根据父母喜好的模式或剧本化的方式去成长，他们孜孜以求的是和孩子们一起成长。为人父母，是真正的传奇化，必须时刻跟随孩子自内而外的变化而变化。教学、工作和彼此相爱，也是一样的。

正是在花园里，我们才发现什么才是真正的旅行。我们并不到一个花园里去旅行，而是以花园的方式旅行。

真正的旅行没有目的地。旅行者并不是去某个地方，而是时刻发现他们就身处另外的地方。花园不压制大自然的无动于衷，而是提高人的自发性去回应大自然那“目中无人”的光怪陆离和不可预知，因此我们不再将自然看做一系列变化的场景，而是将我们自身看做永远在路上的人。

自然并不变化。它没有内部或外部。因此，我们的旅行不可能穿越自然。于是，所有的旅行都是在旅行者自身内部发生的变化，正是出于这个原因，旅行者永远生活在别处。旅行，即成长。

对真正的旅行者来说，旅行并不是为了克服距离，而是为了发现距离。并非是距离使旅行变得必要，而是旅行使距离变得可能。距离并不由物体之间的可计量长度来决定，而是由它们之间的实际差异决定。芝加哥和亚特兰大机场周边的汽车旅馆，与东京和法兰克福机场周边的汽车旅馆之间的差异是如此微不足道，以至于在这一相似性中，所有本质的距离都消融了。真正相互分离的，在于差异，在于不相似。“真正的航行并不是用同一双眼

睛经历过一百块不一样的土地，而是通过一百双不一样的眼睛看同一块土地。”（普鲁斯特[1]）

园丁的注意力总是集中在自然的自发性上，因此需要具备看见差异的天赋，要能看到植物生长或者土壤构成中最细微的变化，以及昆虫和蚯蚓的繁殖情况。园丁也会像父母一样，在他们的孩子身上觉察出最细微的变化，或者像老师一样，在他们的学生身上发觉技能的提高以及智慧的火花。一个花园、一个家庭、一间教室——任何人类聚集场所——都会提供无穷无尽的多样化，可供观察，每一种变化都犹如一支射出的箭，指向更多变化。但是这些被观察到的变化并不仅仅剧本式地供真正的园丁寻开心，它们传奇般地敞开了自己，面向一个崭新的未来。

那些四处寻找差异的人，那些将大地视为本源的人，那些赞美别人身上的天才的人，那些准备好一切、一无所惧、只等待惊奇的人，都是园丁那样的人。“我在康科德城神游千里。”（梭罗[2]）

---

1 法国20世纪小说家。

2 美国作家、哲学家。

89

机器需要来自外界的推动力，所以对机器的使用总是需要寻找到可供消耗的能源。当我们将自然视为一种资源，它就成为提供能源的一种资源。若我们将自己沉溺于机器，自然就愈发被我们看做人类所需物质的大宝藏。它是物质的数量集合，其存在的意义就是要被消耗，且主要消耗在我们的机器中。

自然虽被如此分割，但它不可能被用来反对自己。因此，我们并没有消耗它，或者耗尽它。我们只不过重新安排社会模式，即将人类能力简化为对现有自发性模式的创造性反应。用社会常用表达语来说，就是我们创造了废弃物。当然，废弃物绝对不是非自然的。文明的垃圾和废品并不污染自然。它们是自然的，但它们以一种社会再也无法榨取其价值为社会服务的形态而存在。

社会将废弃物视为社会活动的一种不幸但却必然的后果。当我们获取基本社会产品时，便留下了这些废弃物。但是废弃物并不是我们创造物的伴生品，它就是我们制造的。“废弃钚 ”并不是核工业的间接产物，而是核工业的直接产品。

90

废弃物是一种解蔽。当我们发现自己身处垃圾中，我们知道这是我们自己的垃圾，也知道这是我们主动去制造的垃圾。能主动选择制造垃圾，便能主动选择不制造垃圾。因为废弃物是一种解蔽，所以我们把它搬离视线，眼不见为净。我们或者找到一些无人居住区来处置废弃物，或者在某些地方填埋垃圾，直到这个地方变得不可居住。由于一个繁荣的社会将大力开发自然资源，所以它会因此产生大量垃圾，很快地，无人居住区将布满废弃物，并逐步将整个社会变成一个大垃圾场。

因为废弃物是一种解蔽，所以它不仅被搬离视线，还宣布着某种反财产，没人拥有它。废弃物现象中的部分矛盾之处在于，将自然作为我们的拥有物来对待，必然很快就会将自然作为不属于任何人来对待。废弃物不仅不属于任何人，而且根本没人想要它。我们并非争着拥有这些产品，而是争着丢弃它们。我们将垃圾强塞给那些不太能够处理掉它的人。垃圾聚集在贫民窟，污水顺流而下；酸雨滴落在方圆几百英里——那里的居民无权无势，阻止不了它被排放进大气。数千英亩的农田，因为建设多道高速公路而堆满了废弃物，或者因为建设大坝而被淹没，而这些大坝所供之水是在遥远城市中被用来冲洗废弃物的。

废弃物这一反财产，到头来会成为失败者的财产。它成为无头衔者的标记。

废弃物是一种解蔽，因为它坚持将自己显现为废弃物，并且是我们的废弃物。如果废弃物是我们对自然冷漠态度的产物，那么它也作为一种方式，让我们体会到自然的冷漠态度。因此，废弃物提醒着我们，社会是文化的一种。环顾那昔日的宜居乐土，今日的大垃圾场，我们能够分明地感受到，自然并不是我们想要它是的那个样子。然而我们也可以分明地领悟到，我们想要社会成为什么样子，社会就是什么样子的。

这一矛盾带来的是这样一种景象：一个社会产生出越多垃圾，垃圾就越发地具有解蔽作用，因此一个社会越是要大声地否认它产生了任何垃圾，它就越是必须处置、隐藏或者忽略它的这些瓦砾。

91

控制自然的企图，其核心还是为了控制他人。我们可以想见，社会很讨厌那些对社会目标与价值表现出一定程度冷漠态度的文化。正是这一重复的相似关系，让我们看到创造了自然垃圾的社会也创造了人类的垃圾。

废弃的人类是那些由于某些原因对社会不再有用的人，是“无国籍者”或者非公民。废弃的人类必须被置于视线之外的隔离区、贫民窟、保留地、集中营、退休社区、万人坑、战略村[3]——都是不可居住的隔离之地。我们所生活的20世纪，游戏大师们创造出数以百万计的这些“多余人”。(理查德·鲁宾斯坦[4])

人们自己不会把自己变为多余人，正如自然的废弃物不会是自己变成废弃物的。正是社会将某些人宣布为废弃的人。废弃的人不是压在社会身上的不幸重担，不是它的正常行动的间接产物，它是社会的直接产品。在美洲、非洲和亚洲各个大陆上的欧洲殖民者并非碰巧遇到一群无用的人，并非大自然将这群人挡在他们的路上。相反，是殖民者们根据一些自己社会中最重要最根本的原则，使他们变成多余的人。

3 越战期间把村民从聚居地赶到可以严密控制的区域的做法。

4 犹太裔美国作家和学者。

严格地说，废弃的人并不存在于社会边界之外。他们不是社会的敌人，人们不会像对抗另一个社会一样，投入战争消灭他们。废弃的人并不构成一个替代性的或者威胁性的社会，他们构成了一种解蔽的文化。因此，他们是“被清洗的”，社会将他们清除掉了。

92

当社会被解蔽，当我们了解到社会是我们希望它如何它便如何，了解到社会是文化的一个种类，在其内部并没有什么是必然的，以及社会绝对不是大自然的现象或者本能的展现，大自然便不再被削足适履进入这个或那个社会目标中。解蔽了的我们挺立在自然面前，它唯一的容颜便是它隐藏的自我起源：它的天才。

当我们像天才一样地去看时，我们将自然视为天才。

当我们将自己理解为本源时，我们也将自然理解为本源。当我们明白我们的自我起源不能被陈述为一种事实，所以我们是不能被解释的，与此同时也便放弃了解释自然的努力。当我们看到自己是自然的他者，我们便看到自然的他者性是不可化约的。

93

对无限的游戏者而言，从天才角度来看，大自然是一种绝对的不同。无限的游戏者在自然的容颜中什么都辨别不出来。自然所展现的不仅是它的冷漠态度，而且还有它的截然不同。

自然不提供家园。虽然在回应它的冷漠态度时，我们成为了园丁，但自然并不主动做什么来饲喂我们。在犹太和伊斯兰的神话中，上帝提供给我们一个花园，但并不——实际上也不能——为我们耕种花园。它只是一个花园，因为我们能够回应它，因为我们必须对它负责。我们的责任在于注意到它的多样化和非连续化的特征。我们要为动物命名，将一种动物与另一种动物区分。这个花园不是像机器一样的设备，自动为我们提供食物。我们也不是像机器一样的存在，我们受外界驱动，有内在目标。根据这一神话的说法，上帝将生命吹进我们身体，但为了延续生命，我们必须自己呼吸。

但是对花园的责任并不意味着我们能制造出一个自然的花园，就好像它是我们能够拥有的制成物。花园并不是我们拥有的某物，我们不能像神一样凌驾于它之上。花园是一种创造，是对多样性的接受，是差异性的视域，永远指向其他差异的生成。诗人愉快地承受着不同之物，不化约任何东西，不解释任何东西，也不拥有任何东西。

我们沉默地站立在天才面前。我们不能谈论天才，只能像天才一样地言说。然而，虽然我像天才一样言说，但我不能为天才言说。我不能用我的剧本来为自然发声，我也不可能用我的剧本为其他人发声，还同时能够不否定他们自己的本源，及其原创性。为他人发声，就等于停止对他人回应，停止自己的责任。没有人，也没有事物，是属于我的剧本的。

自然的非家园性，以及它对人类存在的完全冷漠态度，向无限的游戏者揭示出，自然是传奇式的天才。

CHAPTER 7

第七章

神话激发解释，但不接受任何解释

94

神话激发解释，但却不接受任何解释。解释将不可说之物吸收进可说之物，神话则再度引入沉默，这使原创的话语成为可能。

解释建立起秩序与可预测性的岛屿，甚至大陆。但是这些地区是由冒险家首先测绘出来的，他们的人生是种种探险故事。他们发现唯有通过神秘的旅程，才能进入无路的开阔地。后来，当冒险精神稍逊的定居者来到这里，制定出种种细节，将这些区域家园化之后，他们很容易丢失这一感知力，即所有这些解释并不消除神话，而只是漂浮在神话之上。

哥白尼的发现几乎是史上最伟大的发现，因为它们为天空投射了一个没人成功质疑过的秩序。许多人曾认为，一些人现在仍然认为，这一伟大的真理陈述驱散了神话的迷雾，正是那些神话使人类久久深陷黑暗中。然而，哥白尼所驱散的并不是神话，而是其他解释。神话在其他地方。为了寻找它，我们并不考察哥白尼作品中的事实，而是寻找他陈述的故事。知识是成功的解释所导致的，但将我们推向前进的思考则是纯粹的故事。

哥白尼是带着成百双眼睛的旅行者，敢于反思熟悉的一切，期待新的视域。我们在这个故事中听到的是，哥白尼就像古代的圣者——独行客佩雷格里努斯，他为了惊奇，什么都敢尝试。诚然，在某一时刻，他停止了如游戏大师般的观看，确定了有边界的事实，结束了自己的旅程，但是在哥白尼的生命里深刻回响的是使知识得以可能的旅程，而非使旅程得以成功的知识。

神话不接受它所激发的任何解释，这一点可以从身处任何地方的思想家所体现的大无畏精神中看出——他们都致力于在更高的可见层次上重新审视熟悉的一切。实际上，一种文化的活力，不取决于这些思想家发现知识新大陆的频率，而取决于他们启程寻找它们的频率。

一种文化再强壮，也不可能强壮过它最强壮的神话。

95

当故事被重新讲述，并只为它自身而得到世世代代的重新讲述时，它便获得了神话的地位。

如果我讲某个故事是为了支持一种观点或取悦一群听众，那么就不是为故事自身而讲故事。为故事自身而讲故事，其讲述理由不是别的，只是因为它是一个故事。伟大的故事有这样一个特征：听故事，记住故事，就等于成为故事的叙事者。

我们听到一个故事时的第一反应是自己也来讲述它——故事越伟大，复述它的欲望也越强烈。我们会花费可观的时间，克服大量不方便，安排场合以重新讲述它。就好像故事自身在寻找重生的机会，将我们当做它的代理人。我们并不出去四处寻找故事，恰恰相反，是故事为它自己找到了我们。

伟大的故事不能被考察，正如无限的游戏不能有观众一样。一旦我听到某个故事，我就进入了它的维度中，住进了它的时空中，因此，不可能以我的经验来理解故事，而是会以故事来理解我的经验。那些具有神话般持久不息之力量的故事，通过经验触动我们每个人身上的天才。但是，经验是这一生产性触动的结果，而非其原因。从这一意义上我们甚至可以说，如果无法讲述一个发生在我们身上的故事，就等于什么也没有发生在我们身上。

并不是弗洛伊德的潜意识理论将他引向俄狄浦斯，而是俄狄浦斯神话造就了他聆听患者的方式。他写道："本能理论，即讲述我们的神话。"紧随本能理论而来的潜意识、超我和自我理论都是如此。正是具有这一诗性力量的神话，不仅动摇了我们理解自己经验的方式，而且动摇了我们的经验自身。现在谁还不知道自我的危机、不想要的情绪的困扰，以及多态性乖张导致的焦虑畏缩呢？这些经验并不是由冷静的科学家弗洛伊德所描述的，而是由神话梦想者弗洛伊德变得可能的。

正如神话使个人经验变得可能，神话也使集体经验变得可能。整个文明都诞生自故事，而不可能诞生自别处。使得摩西五经有意义的，并不是犹太人的历史经验。摩西五经不过是对于创世和早期犹太人生活的描述，正如本能理论是对20世纪初维也纳的一群布尔乔亚阶层的心理描述一样。摩西五经不是犹太人的故事，它使犹太教成为一个故事。

我们为故事本身而讲故事，因为它们是坚持自身为故事、坚持被讲述的故事。在它们的触动下，我们进入生命。无论我们多么严肃地将它们视为惰性的制成品，并将形而上学意义赋予它们，它们还是涌现出自己的生命力。我们审视一个故事，并希望找出它的意义，而这个意义永远是我们审视之初就携带着的。

神话就像文化花园中的魔法树。它们并非生长在自然的沉默大地上，而是生长于自然的沉默大地。我们越是采撷它们的果实，或者修剪它们成为我们喜欢的样式，它们就越是枝繁叶茂，硕果累累。

因它们自身而被讲述的神话，并不是具有意义的故事，而是给予意义的故事。

96

当讲故事的人相信他们知晓一群人的全部故事时，他们就成为了形而上学家，或者意识形态家。这是被剧本化的历史，有着一望即知的开端与结局。在病患身上寻找弗洛伊德式神话的精神分析学家，就相当于放入了一张滤网，只过滤出他准备找到的东西。

弗洛伊德式的神话并不决定病患和治疗师之间所发生事情的意义，而只是为他们的关系成为独特故事提供可能性。只有当二者都意识到这样一点的时候，精神治疗关系才会变成视界性的。

因此，弗洛伊德的神话并不在他们的关系中重复自身，而是发生共鸣。根据《圣经》中的承诺而宣称对某些领土拥有所有权的那些犹太人，以及根据《圣经》中对世界末日的预言而坚信俄国人是邪恶大军的基督徒，都只是在重复《圣经》，而非与它共鸣。

当神话在我们中间回响时，我们与它发生共鸣。当神话的声音在我体内被听到，而非作为我的声音被听到时，可以说它在我身体里回响。当引用先知耶利米的话，或者像先知耶利米那样言说时，我并不是在共鸣。只有耶利米触动了我身体内的原创声音时，我才是在共鸣。纽约人的言谈之所以能引起相互共鸣，并非因为他们都有纽约人的腔调，而是因为我们能在他们的话语里听到纽约。

一个人讲给另一个人听的故事，与他们所讲和所听到的故事之间的明显区别，在神话的共鸣中轰然倒塌了。你给我讲述穆罕默德的故事是一回事，我来讲述你讲给我听的穆罕默德故事则是另一回事。通常，我们将故事限制在讲故事者的语言里，但是这样的话，我们就把它处理为一个被引用的故事，而非被讲述的故事。在你讲述而非复述穆罕默德的故事的时候，我被触动，并以我的天才进行回应。某些事情开始发生。在触动我的同时，你也被触动。在我们之间，某些事情开始发生。我们的关系传奇般地向前敞开。由于这一传奇浮现于穆罕默德故事的讲述，因此我们的故事便与穆罕默德的故事发生了共鸣，穆罕穆德的故事也与我们的故事发生了共鸣。

神话被讲述，并且持续在讲述中回响，它们走向已经高度共鸣的我们。神话所化身的故事，深深扎根于它们所讲述的故事。作为故事，它们的力量在于能够邀请我们进入它们的传奇。这个传奇包含了众多声音的整个历史，在我们文化的数千种根源处轰鸣着、回荡着。因此，神话都是悬而未决的——不过是在无限游戏的方式中悬而未决，它有规则，有叙事结构，允许任何数量的参与者在任何时候加入它，只要不固定它的情节或者将它的最后一幕终结即可。在这些故事中，会有多处涉及结局，或死亡，但是在其讲述方式中，死亡的到来永远是在游戏过程中，而非结尾处。

97

产生了不可抑制的共鸣的那些神话，已经丢失了关于作者的所有痕迹。即便圣经是由一群身份可知的先知写下的，但通常还是被认为，这些文本并不是他们自述之言，而是记他者之言。摩西从上帝处接到律法，而非自创律法。穆罕穆德是听到古兰经，而非口授古兰经。基督教徒读《马可福音》时，并非读马可的福音，而是读马可所传的福音。印度教徒将他们权威性的经书《吠陀经》理解为“我们从知道的人那里听说它”，以及“我们从知道的人那里把它保存起来”。

福音只有从那些听到它的人那里，才能被听到。虽然我可以在你的话语中听到纽约，但是我绝无可能听到纽约自己发声。因此，没有神话是自己存在的，神话也并不存在一个可被发现的起源。谁能够被命名为第一个纽约人呢？即便是先知们听到的上帝，也是用先知的语言和习语说话，而非用神圣话语说话，就好像上帝的言说自身是一种听的形式。

实际上，神话是我们聆听彼此，以及提供沉默使他人的言说得以可能的最高级形式。这就是为什么在宗教中，聆听远比言说更重要。通道是从听道来的，使徒保罗如是说。

98

共鸣的反面是声音的放大。合唱是彼此共鸣的声音联合表达。扩音喇叭则是单一声音的放大，排除了其他人的声音。鸣钟是共鸣，大炮的炮声则是声音的放大。鸣钟让我们聆听，炮声让我们静音。

当一种声音被过度放大，它就使其他所有声音都无法被听到。我们听扩音喇叭中的声音，并不是为了想听到它说了些什么，而只是因为它是唯一能被听到的。权威的言论是放大了的言论，也是使人沉默的言论。扩音喇叭式的言说是一种命令模式，因此是被设计为尽快完全结束自身的一种言说。扩大的声音期待着听者的服从，以及言说本身的立即终止。与一台扩音喇叭对话，是不可能的。

意识形态是神话的扩音喇叭。它认为既然历史的开端和结尾都是已知的，便没有多加讨论的必要。因此，历史遵循意识形态来发展。正如欧洲的战争挑起者经常将钟熔铸为大炮一样，形而上学家发现他们神话的意义，并在没有叙事共鸣的情况下，宣布这些意义之所在。这样，神话本身就被视为谬误或者可供赏玩之物，因此被忽视——如果不是被禁止的。意识形态家想要隐藏的是历史的合唱本质，它是一曲交响乐，由差异性颇大、甚至相互对立但相辅相成的声音组成。

99

如果说神话激发解释，那么也可以说，解释的最终目的在于消灭神话。并不是教堂和市政大厅中的大钟使得铸造新的大炮成为可能，而是大炮铸造起来是为了让钟声沉默。这是有限游戏在最高级形式中的矛盾之处：以这种方式来玩游戏，反而导致游戏不再被需要，其全部必要性都被消弭了。

当扩音喇叭成功地使所有其他声音沉默并因此扼杀所有对话可能性，它就完全不被聆听，也因此丢失了它自己的声音，而化为纯粹的噪音。一旦谁成为唯一的说话者，那就根本不再有任何说话者。恺撒开始的时候在罗马追逐权力，是因为他喜爱玩那种在罗马共和国常见的危险政治，但是他在游戏中玩得太出色了，把对手都消灭掉了。对他来说，这以后便再也找不到真正危险的战斗，攫取权力所要实现的那些事情，他无法再去做了。他的话当时是一言九鼎，因此他无法和任何人交谈，他完全变成了孤家

寡人。“我们几乎可以说，这个人正在寻找一次暗杀。”（塞姆[1]）

如果我们认为所有的解释都意在使神话沉默下来，那么也可以说，当人们衷心服膺于某一解释或意识形态时，当游戏采取了战争的严肃形式时，我们会发现人们被神话所困扰——这些神话是他们无法忘记的。无法忘记的神话和那些沉默的悖论之处如此有共鸣，以至于它们成为了我们思考的来源，甚至我们文化和文明的来源。

这些神话，我们可以很容易地发现与命名，但是其意义却亘日持久地难解。这些神话是对真理的改头换面，形而上学的解释之沙从未填满它们的共鸣之钟。它们经常是极其简单的故事，亚伯拉罕即是一例。虽然亚伯拉罕的漫长一生仅育有二子，并且其中一子还非嫡出，但上帝承诺他的子孙将如天上的星那样繁多。西方主要的三大宗教都将自己视为亚伯拉罕的子孙，虽然通常它们各自认定自己为万世一统的唯一继承谱系也是最后的继承谱系——这一理解无疑受到“如天上的星那样繁多”这个久久回响的短语的威胁。这是关于未来的一个神话，这个未来永远有未来，永远没有结局。它是关于视界的神话。

1 罗马史专家。

佛陀觉悟的神话中，有着相似的悖论之处，同样地存在各种解释，也同样几乎不可能完全解答它。这是一个关于凡人的故事，他完全没有神的帮助，对如何卸下各种人生之枷锁——包括向他人报告这一解脱的需要——进行了一番成功的精神追寻。这一事件的完全不可说，造就了以数十种文字写成的大量文本作品涌现，这一势头至今也没有减弱的迹象。

也许对于意识形态和心灵来说，基督教神话是最让人困扰的故事。像亚伯拉罕和佛陀的故事一样，它也是极简单的：上帝通过成为我们当中的一员，而聆听我们。这是一个“倒空”了神性的上帝，他放弃了所有发号施令的权威，“住在我们中间”，他的到来，“不是要受人的服侍，乃是要服侍人”“向什么样的人，就做什么样的人”。但是他所来到的这个世界却不接受他。他们无疑更想要一个发号施令的上帝，一个作威作福的偶像，也即他们自身有限性的剧本般的相似物。他们不想要一个无限的聆听者，他欢愉地接纳世人与他的不相同，通过奇迹般的沉默让他们发出自己的声音。这沉默是治愈一切的神圣隐喻，使所有事物留待被诉说。

对于自己的神话共鸣充耳不闻的那些基督徒们，驾驶着他们的杀人机器碾过历史的花园，但是他们并没有杀死神话。这位倒空了的神，虽被他们变成复仇的工具，但仍然带着他未完成的故事，回归为“哀矜之子”[2]，并让那被噤声的重新发出自己的声音。

100

耶稣是一个典型的神话，但不是必须要有的神话。没有哪个神话是必定要有的。世界上不存在必须讲的故事。故事并不包含某个真理，有待某人揭开或者听到。正是耶稣神话中的一部分使它本身变得并非必然。这是关于道（言）成肉身[3]或者说语言进入历史的故事——关于道（言）成肉身然后死去，以及历史进入语言的故事。聆听耶稣神话的人们不可能超越历史，说出关于它的无时间性的真理。

对无限游戏的参与者来说，并非一定要成为基督徒。实际上，他们也不可能成为严格意义上的基督徒，同样他们也不可能成为严格意义上的佛教徒、穆斯林、无神论者或者纽约人。所有这些

---

2 耶稣的别名。

3 基督教基本教义之一，指耶稣基督降生到世间为人。

称号只能是有趣的抽象，仅仅是为了博一笑而为之的表演。

无限游戏的参与者在所有故事中都不是严肃的演员，而是愉悦的诗人。这一故事永远在继续，没有尽头。

101

世上有且只有一种无限游戏。

译后记

人类迫切需要一个“游戏观”的转换

——马小悟

1996年，哲学家、宗教研究学者詹姆斯·卡斯（James P. Carse）从服务了三十多年的纽约大学退休，后居住在纽约和马萨诸塞州，他的个人网站上刊登了他的学术经历、作品以及近期博客文章。

《有限与无限的游戏》是卡斯影响力最大的一部著作，也是他首部译为中文的作品，译者相信中文世界的读者也能慧眼识得这颗珠玉。这本书写于1987年，距离现在已经有三十多年的时间，但像所有人类著作中的经典一样，时间的推移越发见证了它的生命力。《失控》一书的作者凯文·凯利（Kevin Kelly）就曾提到，“《有限与无限的游戏》改变了我对生活、宇宙和其他一切事情的看法”。

译者在翻译过程中，时时会拍案叫好，甚至觉得可以借用博尔赫斯的图书馆之喻——这是目前为止思考社会、文化以及我们从何处来该往何处去的书中写得最好的作品之一。引用某位英语读者的话来说，“逐页读过去，每一页都让你不禁发出‘这正是我以前就知道的，却无法用语言讲出来’之感慨”。全书所展现的宏阔思考，对人类存在的整体关怀与一针见血的点评，确实使人叹为观止。

全书篇幅不长，以101个短章连缀而成的形式，让人联想到维特根斯坦，但与维特根斯坦的学院派风格不同，詹姆斯·卡斯的写法是平实的，他的文字本身有如基督教的福音书那样言简意赅，又直击人心。也许是因为卡斯宗教研究者的身份让他明白，虽然说“道可道，非常道”，但好的“哲学”，并非少数人的智力游戏，而应该是贩夫走卒都能懂并能在人生中实践的“哲学”——就如同基督教的布道一样。

另外，身为无限游戏者的卡斯，始终强调视域的开放性。在他看来，理论也即一种解释，是有限游戏中的产物，因此是封闭的，也终结了其他可能性，所以这部作品虽是一部广义上的理论作品，却不搭建精巧的体系，亦无严密的论证，只是如思绪的流动一样，用苏轼的话来说，“如行云流水，初无定质，但常行于所当行，常止于所不可不止”，将世界、时间、社会、文化、权力、语言、性、疾病、死亡、战争、自然、机器、宗教、神话等我们在世上所遭遇的重要主题，都通过“两种游戏”这条线索，逐一思考了一遍。

卡斯想要传递给我们的一个观点是：我们迫切需要一个“游戏观”的转换，即从有限的游戏转向无限的游戏。有限游戏是画地为牢式的游戏，旨在以一位参与者的胜利终结比赛。人类社会往往很容易停滞在结束了的有限游戏中，或者被囚禁在有限的游戏中而不自知。像战争、国际强权、环境污染、对他者的不宽容、对疾病和死亡的极大恐惧等等，都是有限游戏的负面产物。

对“两种游戏”的这一分疏，犹如当头棒喝，使我们开始看到一些严肃观念的局限性。比如，中国文化历来将人生之意义定位在追求那名垂青史的三不朽“立德、立功、立言”，但以“有限游戏”观之，“不朽是有限游戏之矛盾的最高级例子，它是一种人们无法生存的生活。”那些千古流芳的名字，也即相当于那些伟大的获胜者，虽然在历史中永生，但是，“永生的灵魂只能继续在一个已经写就的角色中继续存在，永生的人无法选择死亡，也因为同样的原因无法选择生存。”无限游戏则像一场众声喧哗的聚会，它避开任何结果，它的目的就是使自身无限保持下去，只有贡献者，而不会有任何使他者沉默的获胜者。无限游戏者不追求所谓永生，他们以必死之躯参加游戏，虽然“他们可能不知道死亡何时降临，但我们总能说他们死在合适的时候。”（尼采）游戏者像一名欢愉的过客，以他的有限生命旅程投入无限游戏中，真可谓“生，吾顺事；没，吾宁也。”

在书中，虽然卡斯不时征引卢梭、黑格尔、尼采等哲学史上著名人物的思想，但他提醒我们，边界清晰的“思想”其实也是有限游戏的衍生物。“我们能够发现形而上学家在思考，却不可能在形而上学家的思考中发现他们。当我们将思想与其思想家分离时，它就是一种抽象，是曾经鲜活的行动的不死阴影”。前人的思想只是一种抛砖引玉式的“邀请”，卡斯希望每一个人，都能加入这一无限游戏中来，因为“每个人都是自己的天才”。